ॐ

DHATUPATHA HANDBOOK

D1617670

Ashwini Kumar Aggarwal

जय गुरुदेव

ISBN10:   1521560048
ISBN13: 9781521560044

Title Dhatupatha Handbook

21st June 2017, Summer Solstice, International Yoga Day
Uttarayana, Ashadh Masa, Krishna Paksha, Dvadashi
Vikrami Samvat 2074 Sadharana, Saka Era 1939 Hemalambi

Revised 4th November 2017, Kartik Poornima, Gurpurab

The Art of Living Centre
147 Punjabi Bagh, Patiala 147001
Punjab, India

Website advaita56.weebly.com

2nd Edition November 2017

जय गुरुदेव

ॐ

Dedication

H H Sri Sri Ravi Shankar
Beloved Guruji for giving us the path of Yoga

An offering at His Lotus feet

जय गुरुदेव

ॐ

Acknowledgements

The loyal band of Mumukshus and the Saintly followers of
Swami Dayananda Saraswati, a tour-de-force in the sphere of
Vedanta, for guidance at various levels.

Mitali Arora whose class 12th Sanskrit exam score was 100/100.
Srisht Fateh who got into IIT Powai with elan in June 2017.

Front Cover Photo Courtesy
Hemswaroop Vahelal, Ganges River at Kashi, Benaras.
Photo dated 28 December 2014.

Back Cover Painting Credits
Raghav Gupta, Panini, Pencil on Paper.
Painting dated 28 December 2015.

Blessings

जय गुरुदेव ।

प्रणाम ।

सुप्रभातम् । शुभदिनं ।

मैं आपका अपना हूँ ।

ॐ गुरुदेवाय विधमहे परब्रह्मणे धीमहि तन्नो गुरु प्रचोदयात् ।

आप को बहुत बहुत प्यार और आशीर्वाद ।

Rishi Vidhyadhar ji, International Faculty, The Art of Living
06:25am 17/12/2015

जय गुरुदेव

Foreword

Wednesday, Dec 16, 2015

Dearest Bhayia

Jai GuruDev
When I first started romancing with Bio-Medical Engineering, not knowing that it will become my field of specialization, I encountered many a hurdles. The main was in understanding the tongue twisting medical terms like Nephrectomy. Some wise man suggested breaking the terms in prefix, root and suffix. It was a matter of short time that I got acquainted to these terms having Latin origin. **Though, Sanskrit** didn't directly influence **Latin**, but their similarities are not just coincidence. The two languages are members of the Indo-European family of languages, and share a common ancestor, now called Proto-Indo-European.
Sanskrit and **Latin** are descendants of Proto-Indo-European language.

It is a matter of privilege for me that my friend and buddy has put in such a great amount of effort to get into the systematic and scientific method of making Sanskrit understandable for the generations that were never exposed to our rich heritage. I sincerely pray to Almighty that these efforts by the Author bear fruit for SARBAT DA BHALLA (Well-Being for All) ਸਰਬਤ ਦਾ ਭਲਾ

Jai GuruDev

Dr Mandeep Singh, Professor Thapar University, Patiala

Preface

This book originally appeared in a large trim size format with the title **Dhatupatha of Panini: An Elucidation.** (Indian edition titled **Dhatupatha of Panini Elucidated.**) Subsequently a 2nd edition was released with the title **Dhatupatha of Panini: Accented Roots with English Meanings and Verbs iii/1 forms in Present Tense** thereby explaining its content in the subtitle.

Seeing its success, it was felt that a standard trim size edition also be released. Now this completely reformatted book is being published in a handy trim size for the benefit of aspiring students while retaining all of the essential content.

The 1st edition contained the main Dhatupatha with 2056 Dhatus in landscape layout and rest of the text (English meaning section etc.) in portrait layout. The 2nd edition has entire book in portrait layout with minor corrections:

- Dhatu 1084. ञिभि भये corrected to 1084. ञिभी भये
- Dhatu 1910. रुक्ष पारुष्ये corrected to 1910. रूक्ष पारुष्ये
- Dhatu 1545. णट अवस्यन्दने corrected to 1545. नट अवस्यन्दने
- Dhatu 1747. भू अवकल्कने corrected to 1747. भुवोऽवकल्कने
- Dhatus taking सत्वम् renamed accordingly so that the standard index shows only three roots beginning with षकार namely, 560. ष्ठिवु॒, 1110. ष्ठिवु॒, 100. ष्वष्क
- 854. ष॒द्लृ, 855. श॒द्लृ Anudata Accent put
- 855. शद्लृ P*(instead of M)
- 1013. द्वि॒षँ॑, 1014. दु॒हँ॑, 1015. दि॒हँ॑ Svarita accent put
- 1016. लि॒हँ॑ Svarita accent put and corrected to Ubhayepadi
- 1043. ष्टुञ् U (instead of P)
- 1044. ब्रूञ् accented root spelling (instead of ब्रू)
- 1290. ओँलजी॒ँ accented root spelling (instead of ओँलस्जी॒ँ)

- 1432. विद्लृ सेट्* (instead of अनिट्*)
- 1445. उँछृदिँर् accented root spelling (instead of उँच्छदिँर्)
- 1454. भुज P* (instead of U)
- 1458. अञ्जू वेट् (instead of सेट्*)
- 1507. ज्ञा is P* (instead of U)
- 1533. ग्रह is सेट् (instead of वेट्)
- 1549.ऊर्ज 1550.पक्ष 1551.वर्ण 1558.कुट्ट 1559.पुट्ट U (instead of P)
- 1581. खडि , 1869. कृप U (instead of A)
- 1790. रुंसयति spelling (instead of रूसयति)
- 1922. सङ्ग्रामअँ (instead of सङ्ग्रामँ)
- 1851 to 1943. Anunasika candrabindu removed.

The current edition has been renamed **Dhatupatha Handbook** and it contains only the typical 1943 Dhatus. English meaning has been clubbed with the main text to reduce book page count. ShortID and Chanting sections have been shelved for the same reason.

Preface to 2nd Edition

Teaching using this book has been most rewarding over the past 6 months, and some corrections have been done accordingly.

515 Ubhayepada, 807 अनिट् , 996 द्वि० , 1010 श्वि , 1027 शिञ्ज् , 1038 स्नु , 1200 governs 7th case locative, 1350 तृंह् , 1428 Parasmayepada, 1456 हिंस् , 1626 चह, 1747 भू , 1748 कृप् , 1918 अंश् also , 1922 सङ्ग्रामअँ

Happy Gurpurab Guru Nanak Jayanti, Dakshinayana
4th November 2017 Saturday, Kartik Shukla Paurnami
Vikram Samvat 2074 Sadharana, Hemant Ritu
Bharani Nakshatra – Astronomical Name - 35 Arietis

The 10 Conjugational Groups

The Dhatupatha contains ten principal conjugational groups. These are made since an entity known as the gana vikarna गण विकरण is common for each specific group, for the sarvadhatuka सार्वधातुक conjugational tenses and moods.

SN	Dhatu	Meaning	Gana Vikarna	Without Tag	Conjugation Group name & No	
1	भू	सत्तायाम्	शप्	अ	भवादि-गण	1c
1011	अद	भक्षणे	शप् – लुक्	-	अदादि-गण	2c
1083	हु	दान-अदानयोः	शप् – श्लु	-	जुहोत्यादि-गण	3c
1107	दिवु	क्रीडा०	श्यन्	य	दिवादि-गण	4c
1247	षुञ्	अभिषवे	श्नु	नु	स्वादि-गण	5c
1281	तुद	व्यथने	श	अ	तुदादि-गण	6c
1438	रुधिर्	आवरणे	श्नम्	न	रुधादि-गण	7c
1463	तनु	विस्तारे	उ	उ	तनादि-गण	8c
1473	डुक्रीञ्	द्रव्य-विनिमये	श्ना	ना	क्र्यादि-गण	9c
1534	चुर	स्तेये	णिच् + शप्	अय	चुरादि-गण	10c

Table of Contents

The Devanagari Alphabet

अ आ इ ई उ ऊ ऋ ॠ ऌ ॡ ए ऐ ओ औ अं अः

क	ख	ग	घ	ङ	The Shiva Sounds
च	छ	ज	झ	ञ	
ट	ठ	ड	ढ	ण	The Brahma Sounds
त	थ	द	ध	न	
प	फ	ब	भ	म	The Vishnu Sounds
य र ल व		श ष स		ह	
In all the consonants the अ is included herein for enunciation					

Pronunciation of Sanskrit Letters

अ son आ father इ it ई beat उ full ऊ pool ऋ rhythm ॠ marine ऌ revelry ॡ

ए play ऐ aisle ओ go औ loud

अं Anusvara is pronounced as nasal म्

अः Visarga is Breath release like ह् and preceding vowel sound

ऽ Avagraha is a silent letter and used for अ to be silent

क seeK	ख KHan	ग Get	घ loGHut	ङ sing
च Chunk	छ catchhim	ज Jump	झ heDGEhog	ञ bunch
ट True	ठ anTHill	ड Drum	ढ goDHead	ण under
त Tamil	थ THunder	द THat	ध breaTHE	न nut
प Put	फ Fruit	ब Bin	भ abhor	म much

य loYal र Red ल Luck व Vase

श Sure ष Shun स So Hum ह

Introduction

The Dhatupatha is a collection of sounds that are known as the Roots of the Sanskrit language. It is found as an Appendix to the Ashtadhyayi of Panini, the magnum opus of the great Sanskrit grammarian of yore.

1. भू सत्तायाम्	To Be, Truth Is. Birth.
1011. अद् भक्षणे	To Eat. To be Nourished. After Birth, Feed.
1083. हु दान-अदनयोः	To Offer. After Nourishment, Sharing.
1107. दिवु क्रीडा-विजि-गीषा-व्यवहार-द्युति-स्तुति-मोद्-मद्-स्वप्न-कान्ति-गतिषु	To Play. After Sharing, some Enjoyment.
1247. षुञ् अभिषवे	To extract nectar. After Playing, Blissfulness.
1281. तुद् व्यथने	To strike. In Bliss, a moment of Unawareness.
1438. रुधिर् आवरणे	To Surround.To Block. Action and Reaction.
1463. तनु विस्तारे	To Proliferate. To Unfold. After the response from Nature, one recoups to enhance.
1473. डुक्रीञ् द्रव्यविनिमये	To engage. To Trade. When one expands, One gets the desire to socialise.
1534. चुर स्तेये	To Steal. When all has been experienced, One wishes to steal oneself Away from it all!

So that one can resolve in the Self.

The Mechanics

This book preserves the original dhatu sutra text for an important reason. The dhatu sutras were designed to be chanted and memorised and passed on. The faculty of being able to memorise effortlessly and precisely is what our traditional science is all about. This book has many additional features, to aid in learning the language and getting a sound grasp on it. A clear cut proper and complete listing of the major attributes of each Dhatu.

An example listing explained

2	एध वृद्धौ I evolve, increase, prosper, live in comfort
1c 2	एधँ I एध् I एधते I A I सेट् I अ०
Dhatu Serial No	Dhatu sutra I (sometimes additonal information from Ashtadhyayi) I English Meaning(s).
Conjugation Group SNwithin Group	Accented Root I Conjugation ready Root I iii/1 लट् कर्त्त० I P/A/U I सेट्/अनिट् /वेट् I सकर्मक/अकर्मक/द्विकर्मक

Dhatu Serial Number The Dhatu Serial No goes from 1 to 1943. Note that Panini used the existing dhatupatha of his time, and suitably programmed it for his use, but did not change the number or sequence, so that the chanting tradition continued correctly. From the Ashtadhyayi Sutrapatha of Panini, the famous sutra 1.3.1 भूवादयः धातवः tells the entities भू , वा etc in the Dhatupatha are Named DHATU.

Dhatu sutra given from a standard Dhatupatha. Sometimes additonal information from the Ashtadhyayi is given to help in conjugation.

English Meaning(s) A possible meaning is given. The word "to" is implict. Also "be" or "make" is assumed in some places.

Accented Root - Accent or Svara is an important meta character given by Panini to encode specific information regarding a Dhatu.
उ = Udata, अ = Anudata ◌॒ , S = Svarita ◌॑

Each Dhatu consists of the Basic Root and Meta Characters commonly known as Tag Letters.
Accent on the Basic Root vowel gives the Set/Anit status. Accent on the Tag vowel gives the Parasmayepada/Atmanepada status.
Nasalization chandrabindu ◌ँ on the final vowel of a Dhatu indicates that it is aTag.

Conjugation ready Root Helps one immediately derive the verb, without the tag letters or the accents. The Dhatu Adesha is also applied (e.g. णो नः , षः सः , अतो लोपः) ।
For the so called इदित् dhatus, i.e. those having a final nasalised इ , the Ashtadhtati sutra 7.1.58 इदितो नुँम् धातोः adds a नुँम् augment to the dhatu i.e. the letter न् , and by the Ashtadhyayi sutra 8.3.24 नश्चापदान्तस्य झलि it becomes an anusvara, further by 8.4.58 अनुस्वारस्य ययि परसवर्णः it changes to a corresponding nasal. Such इदित् dhatus are hence listed thus:

9. स्कुदि is listed as स्कुन्द्
87. अकि is listed as अङ्क्
203. गुजि is listed as गुञ्ज्
634. महि as मंह् , etc.

iii/1 लट् कर्त्त०। लट् कर्त्तरि प्रथम पुरुषः एकवचनं पदम् । The Third Person Singular Present Tense Acive Voice Verb form is given as it is the most common form of a Root for study. For Ubhayepadi roots, both forms are indicated.

P = Parasmayepadi, A = Atmanepadi, U = Ubhayepadi
Dhatu without final Tag vowel is P

Dhatu with with Udata accent on Final Tag vowel is P
Dhatu with Anudata accent on Final Tag vowel with is A
Dhatu with Svarita accent on Final Tag vowel with is U

Dhatus having Final Tag consonant ङ् is A

Dhatus having Final Tag consonant ञ् is U

An asterix * means that the Dhatu behaves as P or A in certain usages.

सेट्/अनिट् /वेट्

Dhatu with Anudata accent on basic root vowel is अनिट्
Dhatu with Udata accent on basic root vowel is सेट्
An asterix * means that the Dhatu behaves as सेट् or अनिट् in certain usages.

सकर्मक/अकर्मक/द्विकर्मक

Lists if the root behaves as a Transitive = स० = सकर्मकः , or as an InTransitive = अ० = अकर्मकः । Certain roots may take two objects, i.e. द्वि० = द्विकर्मकः Some other roots behave as transitive in particular usage and intransitive in other meanings.

<u>Additional Notes</u>

Dhatu sutras follow the principle of anuvritti for compactness, so if a dhatu sutra does not contain meaning it has been given in brackets. Also if a dhatu sutra contains च it means 'take the addional meaning from the previous sutra'.

Notice that a Dhatu Sutra gives Sanskrit meaning in 7th case, to specify 'in the subject matter of'. E.g. भू सत्तायाम् , एध वृद्धौ ।

10c Roots are not given Svarita Accent except for five Roots where explicitly mentioned. The Anunasika candrabindu is not given for the अदन्ताः Roots.

Sandhi सन्धिः | Words in Sanskrit have an amazing ability to join, coalesce and merge; both to improve space usage and also to help in pronunciation. It is used a lot in traditional Dhatupathas. However herein many statements are given without Sandhi for the student to grasp the subject easily. तृतीयान्ते इत्येके = तृतीयान्त इत्येके ।

Legend

There are many footnotes, clarifications, addendums etc. in a traditional dhatupatha. A brief mention.

च AND	Used to connect a previous sutra or word to the current, or current to the next, as the case may be.
वा OR	
इत्येके = इति एके THUS ONE (यण् sandhi has occurred)	केचित् PERHAPS क्वचित् OR PERHAPS
इत्यन्ये = इति अन्ये THUS ANOTHER	इत्यपि = इति अपि THUS ALSO
इत्यपरे = इति अपरे THUS OTHER, i.e. a SECOND Version of the Root exists.	नाम्नो वा STEM ALSO. That dhatu can be used as a प्रातिपदिकम् pratipadika as well.
तृतीयान्तः ending with the 3rd of class consonant. E.g. 1874. खेट has the remark तृतीयान्त इत्येके । This means that an alternate form ending in 3rd of class consonant also exists, i.e. ट ठ ड so खेड ।	

ॐ

Prayer

Traditionally a prayer is chanted before the beginning of any work or study. Since our purpose is study, we have taken a prayer that expresses gratefulness towards our Teacher.

गुरुर्ब्रह्मा गुरुर्विष्णुः गुरुर्देवो महेश्वरः ।
गुरुः साक्षात् परब्रह्म तस्मै श्री गुरवे नमः ॥

In Sanskrit, the opening prayer specific to a task is called Mangalacharanam मङ्गलाचरणम् । It helps to focus one's mind on the current topic. Bringing the Mind to The Present Moment.

The prayer for this book is the first eleven sutras from the Ashtadhyayi of Panini.

वृद्धिरादैच् । अदेङ्गुणः । इकोगुणवृद्धी । न धातुलोपआर्धधातुके ।क्ङिति च।
दीधी वेवीटाम् । हलोऽनन्तराः संयोगः । मुखनासिकावचनिऽनुनासिकः ।
तुल्यास्यप्रयत्नं सवर्णम् । नाज्झलौ । ईदूदेद् द्विवचनं प्रगृह्यम् ॥

जय गुरुदेव

अथ भ्वादिः

1 भू सत्तायाम् ।उदात्तः परस्मैभाषः । to be, exist, become, have, bless

1c 1 भू । भू । भवति । P । सेट् । अ०

अथ षट्-त्रिंशत् तवर्गीय अन्ताः आत्मनेपदिनः ।

2 एध वृद्धौ । evolve, increase, prosper, live in comfort

1c 2 एधँ॒ । एध् । एधते । A । सेट् । अ०

3 स्पर्ध सङ्घर्षे । compete, contend

1c 3 स्पर्धँ॒ । स्पर्ध् । स्पर्धते । A । सेट् । अ०

4 गाधृ प्रतिष्ठालिप्सयोर्ग्रन्थे च । stand, seek, compose, compile, weave

1c 4 गाधृँ॒ । गाध् । गाधते । A । सेट् । स०

5 बाधृ विलोडने । obstruct, oppress, harass

1c 5 बाधृँ॒ । बाध् । बाधते । A । सेट् । स०

6 नाथृ (याच्ञोपतापैश्वर्याशीष्षु) ।आशीरर्थे आ०, अन्यार्थेषु प० । ask, be ill, be famous, bless

1c 6 नाथृँ॒ । नाथ् । नाथते, नाथति । A* । सेट् । स०

7 नाधृ याच्ञोपतापैश्वर्याशीष्षु । ask, be ill, be famous, bless

1c 7 नाधृँ॒ । नाध् । नाधते । A । सेट् । स०

8 दध धारणे । support, take

1c 8 दधँ॒ । दध् । दधते । A । सेट् । स०

9 स्कुदि आप्रवणे । jump

1c 9 स्कुदिँ॒ । स्कुन्द् । स्कुन्दते । A । सेट् । स०

10   श्विदि श्वैत्ये । whitewash

   1c 10 श्विदिँ । श्विन्द् । श्विन्दते । A । सेट् । अ०

11   वदि अभिवादनस्तुत्योः । salute, bow, greet

   1c 11 वदिँ । वन्द् । वन्दते । A । सेट् । स०

12   भदि कल्याणे सुखे च । make auspicious, make happy

   1c 12 भदिँ । भन्द् । भन्दते । A । सेट् । अ०

13   मदि स्तुतिमोदमदस्वप्नकान्तिगतिषु । praise,be joyful,be proud,be lazy,want

   1c 13 मदिँ । मन्द् । मन्दते । A । सेट् । अ०

14   स्पदि किञ्चित् चलने । throb, vibrate

   1c 14 स्पदिँ । स्पन्द् । स्पन्दते । A । सेट् । अ०

15   क्लिदि परिदेवने । lament, cry

   1c 15 क्लिदिँ । क्लिन्द् । क्लिन्दते । A । सेट् । अ०

16   मुद हर्षे । be happy, be glad, rejoice

   1c 16 मुदँ । मुद् । मोदते । A । सेट् । अ०

17   दद दाने । donate

   1c 17 ददँ । दद् । ददते । A । सेट् । स०

18   ष्वद (आस्वादने) । taste, be pleased, savour

   1c 18 ष्वदँ । स्वद् । स्वदते । A । सेट् । स०

19   स्वर्द आस्वादने । taste

   1c 19 स्वर्दँ । स्वर्द् । स्वर्दते । A । सेट् । स०

20   उर्द माने क्रीडायां च ।8.2.78 उपधायां च इति दीर्घः । measure, play, be happy

1c 20 उर्दँ । उर्द् । ऊर्दते । A । सेट् । अ०*

21 कुर्द (क्रीडायाम् एव) । 8.2.78 इति दीर्घः । jump, play, lean
1c 21 कुर्दँ । कुर्द् । कूर्दते । A । सेट् । अ०

22 खुर्द (क्रीडायाम् एव) । 8.2.78 इति दीर्घः । sport
1c 22 खुर्दँ । खुर्द् । खूर्दते । A । सेट् । अ०

23 गुर्द (क्रीडायाम् एव) । 8.2.78 इति दीर्घः । play
1c 23 गुर्दँ । गुर्द् । गूर्दते । A । सेट् । अ०

24 गुद क्रीडायाम् एव । play, sport
1c 24 गुदँ । गुद् । गोदते । A । सेट् । अ०

25 षूद क्षरणे । eject, effuse, flow, strike, destroy
1c 25 षूदँ । सूद् । सूदते । A । सेट् । अ०*

26 ह्राद अव्यक्ते शब्दे । sound, make noise
1c 26 ह्रादँ । ह्राद् । ह्रादते । A । सेट् । अ०

27 ह्लादी सुखे च । be glad, gladden, roar
1c 27 ह्लादीँ । ह्लाद् । ह्लादते । A । सेट् । अ०

28 स्वाद आस्वादने । taste
1c 28 स्वादँ । स्वाद् । स्वादते । A । सेट् । स०

29 पर्द कुत्सिते शब्दे (गुदरवे इत्यर्थः) । belch, pass wind
1c 29 पर्दँ । पर्द् । पर्दते । A । सेट् । अ०

30 यती प्रयत्ने । endeavour, attempt
1c 30 यतीँ । यत् । यतते । A । सेट् । अ०

31 युतृ भासने । shine, illuminate

1c 31 युतृँ । युत् । योतते । A । सेट् । अ०

32 जुतृ भासने । shine, be lit

1c 32 जुतृँ । जुत् । जोतते । A । सेट् । अ०

33 विथृ याचने । beg, ask

1c 33 विथृँ । विथ् । वेथते । A । सेट् । स०

34 वेथृ याचने । beg, ask

1c 34 वेथृँ । वेथ् । वेथते । A । सेट् । स०

35 श्रथि शैथिल्ये । be loose, loosen, relax

1c 35 श्रथिँ । श्रन्थ् । श्रन्थते । A । सेट् । अ०

36 ग्रथि कौटिल्ये । be crooked, be wicked, bend

1c 36 ग्रथिँ । ग्रन्थ् । ग्रन्थते । A । सेट् । अ०

37 कत्थ श्लाघायाम् । praise, boast

1c 37 कत्थँ । कत्थ् । कत्थते । A । सेट् । स०

एधादय उदात्ता अनुदात्तेत आत्मनेभाषाः ।अथाष्टत्रिंशत्तवर्गीयान्ताः परस्मैपदिनः

38 अत सातत्यगमने । go constantly

1c 38 अतँ । अत् । अतति । P । सेट् । स०

39 चिती संज्ञाने । perceive, notice, regain consciousness

1c 39 चितीँ । चित् । चेतति । P । सेट् । अ०

40 च्युतिर् आसेचने (सेचनम् आर्द्रीकरणम्) आङ् ईषदर्थेऽभिव्याप्तौ च । trickle, flow, ooze

1c 40 च्युतिँर् । च्युत् । च्योतति । P । सेट् । स०

41 श्च्युतिर् क्षरणे । (श्चुतिर्) । ooze, trickle

1c 41 श्च्युतिँर् । श्च्युत् । श्च्योतति । P । सेट् । स०

42 मन्थ विलोडने (विलोडनं प्रतिघातः) । stir, churn, hurt

1c 42 मन्थँ । मन्थ् । मन्थति । P । सेट् । स०

43 कुथि (हिंसासङ्क्लेशनयोः)। अयं इदित् । 7.1.58 इदितो नुँम् धातोः । 8.3.24 नश्चापदान्तस्य झलि । 8.4.58 अनुस्वारस्य ययि परसवर्णः । hurt, injure

1c 43 कुथिँ । कुन्थ् । कुन्थति । P । सेट् । स०

44 पुथि (हिंसासङ्क्लेशनयोः)। cause pain, suffer

1c 44 पुथिँ । पुन्थ् । पुन्थति । P । सेट् । स०

45 लुथि (हिंसासङ्क्लेशनयोः)। strike, hurt, suffer, be affected

1c 45 लुथिँ । लुन्थ् । लुन्थति । P । सेट् । स०

46 मथि हिंसासङ्क्लेशनयोः । hurt, crush, cry, be sorrowful

1c 46 मथिँ । मन्थ् । मन्थति । P । सेट् । स०

47 षिध गत्याम् । go

1c 47 षिधँ । सिध् । सेधति । P । सेट् । स०

48 षिधू शास्त्रे माङ्गल्ये च । command, rule, instruct, be auspicious

1c 48 षिधूँ । सिध् । सेधति । P । वेट् । स०

49 खादृ भक्षणे । eat, devour

1c 49 खादृँ । खाद् । खादति । P । सेट् । स०

50 खद स्थैर्ये हिंसायां च । be steady, kill, eat

1c 50 खदँ । खद् । खदति । P । सेट् । स०

51 बद स्थैर्ये । be firm, be steady
   1c 51 बदँ । बद् । बदति । P । सेट् । अ०

52 गद व्यक्तायां वाचि । say, tell, articulate, enumerate
   1c 52 गदँ । गद् । गदति । P । सेट् । स०

53 रद विलेखने । dig, tear, split, break
   1c 53 रदँ । रद् । रदति । P । सेट् । स०

54 णद अव्यक्ते शब्दे । thunder, cry
   1c 54 णदँ । नद् । नदति । P । सेट् । अ०

55 अर्द गतौ याचने च ।अयं हिंसायामपि । ask, beg, move, kill
   1c 55 अर्दँ । अर्द् । अर्दति । P । सेट् । स०

56 नर्द (शब्दे) । sound
   1c 56 नर्दँ । नर्द् । नर्दति । P । सेट् । अ०

57 गर्द शब्दे । roar, sound
   1c 57 गर्दँ । गर्द् । गर्दति । P । सेट् । अ०

58 तर्द हिंसायाम् । hurt, injure
   1c 58 तर्दँ । तर्द् । तर्दति । P । सेट् । स०

59 कर्द कुत्सिते शब्दे । rumble, caw like crow
   1c 59 कर्दँ । कर्द् । कर्दति । P । सेट् । अ०

60 खर्द दन्दशूके । bite, masticate, grind with teeth
   1c 60 खर्दँ । खर्द् । खर्दति । P । सेट् । स०

61 अति (बन्धने) । bind
   1c 61 अतिँ । अन्त् । अन्तति । P । सेट् । स०

62 अदि बन्धने । bind
   1c 62 अदिँ । अन्द् । अन्दति । P । सेट् । स०

63 इदि परमैश्वर्ये । have great power
   1c 63 इदिँ । इन्द् । इन्दति । P । सेट् । अ०

64 बिदि अवयवे । भिदि इत्येके । split, divide
   1c 64 बिदिँ । बिन्द् । बिन्दति । P । सेट् । अ०

65 गडि वदनैकदेशे । affect the cheek, have goitre
   1c 65 गडिँ । गण्ड् । गण्डति । P । सेट् । अ०

66 णिदि कुत्सायाम् । blame
   1c 66 णिदिँ । निन्द् । निन्दति । P । सेट् । स०

67 टुनदि समृद्धौ । be pleased, be satisfied
   1c 67 टुनदिँ । नन्द् । नन्दति । P । सेट् । अ०

68 चदि आह्लादने दीप्तौ च । shine, be glad, rejoice
   1c 68 चदिँ । चन्द् । चन्दति । P । सेट् । स०

69 त्रदि चेष्टायाम् । make efforts, be in business
   1c 69 त्रदिँ । त्रन्द् । त्रन्दति । P । सेट् । अ०

70 कदि (आह्वाने रोदने च) । call, wail, shed tears
   1c 70 कदिँ । कन्द् । कन्दति । P । सेट् । स०

71 क्रदि (आह्वाने रोदने च) । call out, cry
   1c 71 क्रदिँ । क्रन्द् । क्रन्दति । P । सेट् । स०

72 क्लदि आह्वाने रोदने च । call, lament, invite, weep
   1c 72 क्लदिँ । क्लन्द् । क्लन्दति । P । सेट् । स०

73 क्लिदि परिदेवने । lament

1c 73 क्लिदिँ । क्लिन्द् । क्लिन्दति । P । सेट् । स०

74 शुन्ध शुद्धौ । be purified

1c 74 शुन्धँ । शुन्ध् । शुन्धति । P । सेट् । अ०

अतादय उदात्ता उदात्तेतः परस्मैभाषाः ।
अथ कवर्गीयान्ताः आत्मनेपदिनः द्विचत्वारिंशत् ।

75 शीकृ सेचने ।सीकृ इति पाठान्तरम् । sprinkle, make wet

1c 75 शीकृँ । शीक् । शीकते । A । सेट् । स०

76 लोकृ दर्शने । look, view, perceive

1c 76 लोकृँ । लोक् । लोकते । A । सेट् । स०

77 श्लोकृ सङ्घाते । compose verses, write poetry

1c 77 श्लोकृँ । श्लोक् । श्लोकते । A । सेट् । स०

78 द्रेकृ (शब्दोत्साहयोः) । sound, grow, be enthusiastic

1c 78 द्रेकृँ । द्रेक् । द्रेकते । A । सेट् । अ०

79 ध्रेकृ शब्दोत्साहयोः । sound, grow, be enthusiastic

1c 79 ध्रेकृँ । ध्रेक् । ध्रेकते । A । सेट् । अ०

80 रेकृ शङ्कायाम् । doubt, be suspicious

1c 80 रेकृँ । रेक् । रेकते । A । सेट् । स०

81 सेकृ (गतौ) । go, move

1c 81 सेकृँ । सेक् । सेकते । A । सेट् । स०

82 स्रेकृ (गतौ) । go, move

1c 82 स्रेकृँ । स्रेक् । स्रेकते । A । सेट् । स०

83   स्रकि (गतौ) । go, slip, fall

    1c 83 स्रकिँ । स्रङ्क् । स्रङ्कते । A । सेट् । स०

84   श्रकि (गतौ) । go, creep

    1c 84 श्रकिँ । श्रङ्क् । श्रङ्कते । A । सेट् । स०

85   श्लकि गतौ । go, move

    1c 85 श्लकिँ । श्लङ्क् । श्लङ्कते । A । सेट् । स०

86   शकि शङ्कायाम् । doubt, be anxious

    1c 86 शकिँ । शङ्क् । शङ्कते । A । सेट् । स०

87   अकि लक्षणे । mark, stamp

    1c 87 अकिँ । अङ्क् । अङ्कते । A । सेट् । स०

88   वकि कौटिल्ये । act bad, be curved

    1c 88 वकिँ । वङ्क् । वङ्कते । A । सेट् । अ०

89   मकि मण्डने । adorn

    1c 89 मकिँ । मङ्क् । मङ्कते । A । सेट् । स०

90   कक लौल्ये ।गर्वश्चापल्यं च । wish, be proud

    1c 90 ककँ । कक् । ककते । A । सेट् । अ०

91   कुक (आदाने) । take, accept, be tempted

    1c 91 कुकँ । कुक् । कोकते । A । सेट् । स०

92   वृक आदाने । seize, grasp, take

    1c 92 वृकँ । वृक् । वर्कते । A । सेट् । स०

93   चक तृप्तौ प्रतिघाते च । be satisfied, be satiated, cheat, deceive

    1c 93 चकँ । चक् । चकते । A । सेट् । स०

94 ककि (गत्यर्थाः) । go

1c 94 ककिँ॒ । कङ्क् । कङ्कते । A । सेट् । स०

95 वकि (गत्यर्थाः) । bow, to move in curve

1c 95 वकिँ॒ । वङ्क् । वङ्कते । A । सेट् । स०

96 श्वकि (गत्यर्थाः) । go, move, slither

1c 96 श्वकिँ॒ । श्वङ्क् । श्वङ्कते । A । सेट् । स०

97 त्रकि (गत्यर्थाः) । move

1c 97 त्रकिँ॒ । त्रङ्क् । त्रङ्कते । A । सेट् । स०

98 ढौकृ (गत्यर्थाः) । go, approach, change places

1c 98 ढौकृँ॒ । ढौक् । ढौकते । A । सेट् । स०

99 त्रौकृ (गत्यर्थाः) । go

1c 99 त्रौकृँ॒ । त्रौक् । त्रौकते । A । सेट् । स०

100 ष्वष्क (गत्यर्थाः) । ष्वक्क इति च पाठान्तरम् । go, move

1c 100 ष्वष्कँ॒ । ष्वष्क् । ष्वष्कते । A । सेट् । स०

101 वस्क (गत्यर्थाः) । go, move

1c 101 वस्कँ॒ । वस्क् । वस्कते । A । सेट् । स०

102 मस्क (गत्यर्थाः) । go, move

1c 102 मस्कँ॒ । मस्क् । मस्कते । A । सेट् । स०

103 टिकृ (गत्यर्थाः) । go, move, haul

1c 103 टिकृँ॒ । टिक् । टेकते । A । सेट् । स०

104 टीकृ (गत्यर्थाः) । go, move, resort to

1c 104 टीकृँ॒ । टीक् । टीकते । A । सेट् । स०

105 तिकृ (गत्यर्थाः) । move

1c 105 तिकृँ । तिक् । तेकते । A । सेट् । स०

106 तीकृ (गत्यर्थाः) । move

1c 106 तीकृँ । तीक् । तीकते । A । सेट् । स०

107 रघि (गत्यर्थाः) । go

1c 107 रघिँ । रङ्घ् । रङ्घते । A । सेट् । स०

108 लघि (गत्यर्थाः) । तृतीयः दन्त्यादिः इत्येके । लघि भोजननिवृत्तावपि । leap, do fasting, abstain food

1c 108 लघिँ । लन्घ् । लङ्घते । A । सेट् । स०

109 अघि (गत्याक्षेपे) । go, start, blame

1c 109 अघिँ । अङ्घ् । अङ्घते । A । सेट् । अ०

110 वघि (गत्याक्षेपे) । go, start, blame, censure

1c 110 वघिँ । वङ्घ् । वङ्घते । A । सेट् । स०

111 मघि गत्याक्षेपे । गतौ गत्यारम्भे चेत्यपरे । मघि कैतवे च । move, abuse

1c 111 मघिँ । मङ्घ् । मङ्घते । A । सेट् । स०

112 राघृ (सामर्थ्ये) । be able, be competent

1c 112 राघृँ । राघ् । राघते । A । सेट् । अ०

113 लाघृ (सामर्थ्ये) । be equal to, be competent

1c 113 लाघृँ । लाघ् । लाघते । A । सेट् । अ०

114 द्राघृ सामर्थ्ये । **ध्राघृ** इत्यपि केचित् । द्राघृ आयामे च । be able, be strong, stretch

1c 114 द्राघृँ । द्राघ् । द्राघते । A । सेट् । अ०

ध्राघृँ । ध्राघ् । ध्राघते । A । सेट् । अ०

115 श्लाघृ कत्थने । praise, extol, applaud

1c 115 श्लाघृँ । श्लाघ् । श्लाघते । A । सेट् । स०

शीकादयः उदात्तः अनुदात्तेतः आत्मनेभाषाः ।
अथ कवर्गीयान्ताः परस्मैपदिनः पञ्चाशत् ।

116 फक्क नीचैर्गतौ । move slowly, glide, creep,act wrongly

1c 116 फक्कँ । फक्क् । फक्कति । P । सेट् । स०

117 तक हसने । laugh at, mock

1c 117 तकँ । तक् । तकति । P । सेट् । अ०

118 तकि कृच्छ्रजीवने ।(शुक गतौ)। live in distress,endure,be brave

1c 118 तकिँ । तङ्क् । तङ्कति । P । सेट् । अ०

119 बुक्क भषणे । bark, sound like a dog

1c 119 बुक्कँ । बुक्क् । बुक्कति । P । सेट् । अ०

120 कख हसने । laugh, smile

1c 120 कखँ । कख् । कखति । P । सेट् । अ०

121 ओखृ (शोषणालमर्थयोः) । be dry, adorn, be sufficient

1c 121 ओखृँ । ओख् । ओखति । P । सेट् । स०

122 राखृ (शोषणालमर्थयोः) । be dry, adorn, arrange, suffice

1c 122 राखृँ । राख् । राखति । P । सेट् । स०

123 लाखृ (शोषणालमर्थयोः) । be dry, be arid, adorn, suffice, prevent

1c 123 लाखृँ । लाख् । लाखति । P । सेट् । स०

124 द्राखृ (शोषणालमर्थयोः) । be dry, decorate, be competent

1c 124 द्राखृँ । द्राख् । द्राखति । P । सेट् । स०

125 ध्राखृ शोषणालमर्थयोः । be dry, decorate, be competent

1c 125 ध्राखृँ । ध्राख् । ध्राखति । P । सेट् । स०

126 शाखृ (व्याप्तौ) । pervade, overhang, spread like vines

1c 126 शाखृँ । शाख् । शाखति । P । सेट् । स०

127 श्लाखृ व्याप्तौ । pervade, penetrate, spread

1c 127 श्लाखृँ । श्लाख् । श्लाखति । P । सेट् । स०

128 उख (गत्यर्थाः) । go, move

1c 128 उखँ । उख् । ओखति । P । सेट् । स०

129 उखि (गत्यर्थाः)। go, come close, decorate, wither away

1c 129 उखिँ । उङ्ख् । उङ्खति । P । सेट् । स०

130 वख (गत्यर्थाः)। go, move

1c 130 वखँ । वख् । वखति । P । सेट् । स०

131 वखि (गत्यर्थाः)। go, move

1c 131 वखिँ । वङ्ख् । वङ्खति । P । सेट् । स०

132 मख (गत्यर्थाः)। move

1c 132 मखँ । मख् । मखति । P । सेट् । स०

133 मखि (गत्यर्थाः)। move

1c 133 मखिँ । मङ्ख् । मङ्खति । P । सेट् । स०

134 णख (गत्यर्थाः)। move

1c 134 णखँ । नख् । नखति । P । सेट् । स०

135 णखि (गत्यर्थाः)। move

1c 135 णखिँ । नङ्ख् । नङ्खति । P । सेट् । स०

136　रख (गत्यर्थाः)। go
　1c 136　रखँ । रख् । रखति । P । सेट् । स०

137　रखि (गत्यर्थाः)। go
　1c 137　रखिँ । रङ्ख् । रङ्खति । P । सेट् । स०

138　लख (गत्यर्थाः)। go, move
　1c 138　लखँ । लख् । लखति । P । सेट् । स०

139　लखि (गत्यर्थाः)। go, move
　1c 139　लखिँ । लङ्ख् । लङ्खति । P । सेट् । स०

140　इख (गत्यर्थाः)। go
　1c 140　इखँ । इख् । एखति । P । सेट् । स०

141　इखि (गत्यर्थाः)। go, shake
　1c 141　इखिँ । इङ्ख् । इङ्खति । P । सेट् । स०

142　ईखि (गत्यर्थाः)। go, vacillate
　1c 142　ईखिँ । ईङ्ख् । ईङ्खति । P । सेट् । स०

143　वल्ग (गत्यर्थाः)। go, move, hop
　1c 143　वल्गँ । वल्ग् । वल्गति । P । सेट् । स०

144　रगि (गत्यर्थाः)। go
　1c 144　रगिँ । रङ्ग् । रङ्गति । P । सेट् । स०

145　लगि (गत्यर्थाः) ।शोषणे च ।भोजननिवृत्तावपि । go, limp
　1c 145　लगिँ । लङ्ग् । लङ्गति । P । सेट् । स०

146　अगि (गत्यर्थाः)। go
　1c 146　अगिँ । अङ्ग् । अङ्गति । P । सेट् । स०

147 वगि (गत्यर्थाः)। go, limp, be lame

1c 147 वगिँ । वङ्ग् । वङ्गति । P । सेट् । स०

148 मगि (गत्यर्थाः)। move

1c 148 मगिँ । मङ्ग् । मङ्गति । P । सेट् । स०

149 तगि (गत्यर्थाः)। go, shake, stumble

1c 149 तगिँ । तङ्ग् । तङ्गति । P । सेट् । स०

150 त्वगि (गत्यर्थाः) ।कम्पने च । go, move, tremble

1c 150 त्वगिँ । त्वङ्ग् । त्वङ्गति । P । सेट् । स०

151 श्रगि (गत्यर्थाः)। go, move

1c 151 श्रगिँ । श्रङ्ग् । श्रङ्गति । P । सेट् । स०

152 श्लगि (गत्यर्थाः)। go, move

1c 152 श्लगिँ । श्लङ्ग् । श्लङ्गति । P । सेट् । स०

153 इगि (गत्यर्थाः)। move, shake, be agitated

1c 153 इगिँ । इङ्ग् । इङ्गति । P । सेट् । स०

154 रिगि (गत्यर्थाः)। move slowly, crawl

1c 154 रिगिँ । रिङ्ग् । रिङ्गति । P । सेट् । स०

155 लिगि गत्यर्थाः । रिख (रिखि लिख लिखि) त्रख त्रिखि शिखि इत्यपि केचित् ।त्वगि कम्पने च । go

1c 155 लिगिँ । लिङ्ग् । लिङ्गति । P । सेट् । स०

156 युगि (वर्जने) । give up, let go

1c 156 युगिँ । युङ्ग् । युङ्गति । P । सेट् । स०

157 जुगि (वर्जने) । leave, deprive, make outcaste
1c 157 जुगिँ । जुङ्ग् । जुङ्गति । P । सेट् । स०

158 बुगि वर्जने । give up, abandon
1c 158 बुगिँ । बुङ्ग् । बुङ्गति । P । सेट् । स०

159 घघ हसने । दघि पालने । लघि शोषणे । laugh, laugh at
1c 159 घघँ । घघ् । घघति । P । सेट् । अ०

160 मघि मण्डने । adorn
1c 160 मघिँ । मङ्घ् । मङ्घति । P । सेट् । स०

161 शिघि आघ्राणे । अर्घ मूल्ये । smell
1c 161 शिघिँ । शिङ्घ् । शिङ्घति । P । सेट् । स०

फक्कादयः उदात्ताः उदात्तेतः परस्मैभाषाः ॥ अथ चवर्गीयान्ताः आत्मनेपदिनः ।

162 वर्च दीप्तौ । shine, be bright, be splendid
1c 162 वर्चँ । वर्च् । वर्चते । A । सेट् । अ०

163 षच सेचने सेवने च । sprinkle, wet, serve, satisfy by services
1c 163 षचँ । सच् । सचते । A । सेट् । स०

164 लोचृ दर्शने । look, view, perceive, observe
1c 164 लोचृँ । लोच् । लोचते । A । सेट् । स०

165 शच व्यक्तायां वाचि । speak clearly
1c 165 शचँ । शच् । शचते । A । सेट् । स०

166 श्वच (गतौ) । go, move, slither
1c 166 श्वचँ । श्वच् । श्वचते । A । सेट् । स०

167 श्वचि गतौ । शचि च । go, move, slither
1c 167 श्वचिँ । श्वञ्च् । श्वञ्चते । A । सेट् । स०

22

168 कच बन्धने । bind, cry, shine

1c 168 कचँ । कच् । कचते । A । सेट् । स०

169 कचि (दीप्तिबन्धनयोः) । shine, bind

1c 169 कचिँ । कञ्च् । कञ्चते । A । सेट् । स०

170 काचि दीप्तिबन्धनयोः । shine, bind, be published

1c 170 काचिँ । काञ्च् । काञ्चते । A । सेट् । स०

171 मच (कल्कने) । be arrogant, be wicked, grind

1c 171 मचँ । मच् । मचते । A । सेट् । अ०

172 मुचि कल्कने । कथन इत्यन्ये । be vain, deceive, cheat

1c 172 मुचिँ । मुञ्च् । मुञ्चते । A । सेट् । अ०

173 मचि धारणोच्छ्रायपूजनेषु । hold, grow tall, go, shine, adore

1c 173 मचिँ । मञ्च् । मञ्चते । A । सेट् । स०

174 पचि व्यक्तीकरणे । explain in detail

1c 174 पचिँ । पञ्च् । पञ्चते । A । सेट् । स०

175 ष्टुच प्रसादे । be pleased, be satisfied, shine

1c 175 ष्टुचँ । स्तुच् । स्तोचते । A । सेट् । अ०

176 ऋज गतिस्थानार्जनोपार्जनेषु । go, acquire, be firm, be strong

1c 176 ऋजँ । ऋज् । अर्जते । A । सेट् । स०

177 ऋजि (भर्जने) । fry, roast

1c 177 ऋजिँ । ऋञ्ज् । ऋञ्जते । A । सेट् । स०

178 भृजी भर्जने । fry, roast

1c 178 भृजीँ । भृज् । भर्जते । A । सेट् । स०

179 एजृ (दीप्तौ) । shine, tremble, move

1c 179 एजृँ । एज् । एजते । A । सेट् । अ०

180 भ्रेजृ (दीप्तौ) । shine, glow

1c 180 भ्रेजृँ । भ्रेज् । भ्रेजते । A । सेट् । अ०

181 भ्राजृ दीप्तौ । shine, glow

1c 181 भ्राजृँ । भ्राज् । भ्राजते । A । सेट् । अ०

182 ईज गतिकुत्सनयोः । go, censure

1c 182 ईजँ । ईज् । ईजते । A । सेट् । स०

वर्चादयः उदात्ताः अनुदात्तेतः आत्मनेभाषाः ।
अथ चवर्गीयान्ता व्रज्यन्ताः परस्मैपदिनः द्विसप्ततिः ।

183 शुच शोके । suffer, regret, grieve

1c 183 शुचँ । शुच् । शोचति । P । सेट् । अ०

184 कुच शब्दे तारे । sound loudly, utter shrill cry

1c 184 कुचँ । कुच् । कोचति । P । सेट् । स०

185 कुञ्च (कौटिल्याल्पीभावयोः) । be curved, shrink, go or come near

1c 185 कुञ्चँ । कुञ्च् । कुञ्चति । P । सेट् । अ०

186 क्रुञ्च कौटिल्याल्पीभावयोः । be curved, shrink, go or come near

1c 186 क्रुञ्चँ । क्रुञ्च् । क्रुञ्चति । P । सेट् । अ०

187 लुञ्च अपनयने । pluck, pull, peel, pare, tear

1c 187 लुञ्चँ । लुञ्च् । लुञ्चति । P । सेट् । स०

188 अञ्चु गतिपूजनयोः । go, worship, honour

1c 188 अञ्चुँ । अञ्च् । अञ्चति । P । सेट् । स०

189   वञ्चु (गत्यर्थाः) । go, arrive
   1c 189   वञ्चुँ । वञ्च् । वञ्चति । P । सेट् । स०

190   चञ्चु (गत्यर्थाः) । move, shake, wave
   1c 190   चञ्चुँ । चञ्च् । चञ्चति । P । सेट् । स०

191   तञ्चु (गत्यर्थाः) । go, move
   1c 191   तञ्चुँ । तञ्च् । तञ्चति । P । सेट् । स०

192   त्वञ्चु (गत्यर्थाः) । go
   1c 192   त्वञ्चुँ । त्वञ्च् । त्वञ्चति । P । सेट् । स०

193   म्रुञ्चु (गत्यर्थाः) । go, move
   1c 193   म्रुञ्चुँ । म्रुञ्च् । म्रुञ्चति । P । सेट् । स०

194   म्लुञ्चु (गत्यर्थाः) । go, move
   1c 194   म्लुञ्चुँ । म्लुञ्च् । म्लुञ्चति । P । सेट् । स०

195   म्रुचु (गत्यर्थाः) । go, move
   1c 195   म्रुचुँ । म्रुच् । म्रोचति । P । सेट् । स०

196   म्लुचु गत्यर्थाः । go, move
   1c 196   म्लुचुँ । म्लुच् । म्लोचति । P । सेट् । स०

197   ग्रुचु (स्तेयकरणे) । rob
   1c 197   ग्रुचुँ । ग्रुच् । ग्रोचति । P । सेट् । स०

198   ग्लुचु (स्तेयकरणे) । steal, take away
   1c 198   ग्लुचुँ । ग्लुच् । ग्लोचति । P । सेट् । स०

199   कुजु (स्तेयकरणे) । steal
   1c 199   कुजुँ । कुज् । कोजति । P । सेट् । स०

200 खुजु स्तेयकरणे । steal

1c 200 खुजुँ । खुज् । खोजति । P । सेट् । स०

201 ग्लुञ्चु (गतौ) । go, change the place

1c 201 ग्लुञ्चुँ । ग्लुञ्च् । ग्लुञ्चति । P । सेट् । स०

202 षस्ज गतौ । षस्जिरात्मनेपद्यपि । 8.4.40 स्तोः श्चुना श्चुः इति श्चुत्वम् । 8.4.53 झलां जश् झशि इति जश्त्वम् । move, make ready, be ready

1c 202 षस्जँ । सस्ज् । सज्जति । P* । सेट् । स०

203 गुजि अव्यक्ते शब्दे । hum, buzz, sound indistinct

1c 203 गुजिँ । गुञ्ज् । गुञ्जति । P । सेट् । अ०

204 अर्च पूजायाम् । worship, praise

1c 204 अर्चँ । अर्च् । अर्चति । P । सेट् । स०

205 म्लेच्छ अव्यक्ते शब्दे । speak incorrectly, speak in confusion

1c 205 म्लेच्छँ । म्लेच्छ् । म्लेच्छति । P । सेट् । अ०

206 लछ (लक्षणे) । 6.1.73 छे च इति तुँक् आगमः । 8.4.40 स्तोः श्चुना श्चुः इति चकार । mark, denote

1c 206 लछँ । लच्छ् । लच्छति । P । सेट् । स०

207 लाछि लक्षणे । distinguish, mark, deck, decorate

1c 207 लाछिँ । लाञ्छ् । लाञ्छति । P । सेट् । स०

208 वाछि इच्छायाम् । wish, desire

1c 208 वाछिँ । वाञ्छ् । वाञ्छति । P । सेट् । स०

209 आछि आयामे । lengthen

1c 209 आछिँ । आञ्छ् । आञ्छति । P । सेट् । स०

210 ह्रीछ लज्जायाम् । 6.1.75 दीर्घात् इति तुँक् आगमः । 8.4.40 स्तोः श्चुना श्चुः इति चकार । feel ashamed

1c 210 ह्रीछँ । ह्रीछ् । ह्रीच्छति । P । सेट् । अ०

211 हुर्छा कौटिल्ये । 8.2.78 उपधायां च इति दीर्घः । move crookedly, hide, escape

1c 211 हुर्छाँ । हुर्छ् । हूर्च्छति । P । सेट् । अ०

212 मुर्च्छा मोहसमुच्छ्राययोः । 8.2.78 उपधायां च इति दीर्घः । faint, swoon, grow, restrict

1c 212 मुर्च्छाँ । मुर्च्छ् । मूर्च्छति । P । सेट् । अ०

213 स्फुर्छा विस्तृतौ । 8.2.78 उपधायां च इति दीर्घः ।spread,extend,forget

1c 213 स्फुर्छाँ । स्फुर्छ् । स्फूर्छति । P । सेट् । अ०

214 युच्छ प्रमादे । युछ । be careless, neglect

1c 214 युच्छँ । युच्छ् । युच्छति । P । सेट् । अ०

215 उछि उञ्छे । glean

1c 215 उछिँ । उञ्छ् । उञ्छति । P । सेट् । स०

216 उछी विवासे । finish

1c 216 उछीँ । उच्छ् । उच्छति । P । सेट् । स०

217 ध्रज (गतौ) । move, transfer

1c 217 ध्रजँ । ध्रज् । ध्रजति । P । सेट् । स०

218 ध्रजि (गतौ) । move, transfer

1c 218 ध्रजिँ । ध्रञ्ज् । ध्रञ्जति । P । सेट् । स०

219 धृज (गतौ) । move, transfer

1c 219 धृजँ । धृज् । धर्जति । P । सेट् । स०

220 धृजि (गतौ) । move, transfer
  1c 220 धृजिँ । धृञ्ज् । धृञ्जति । P । सेट् । स०

221 ध्वज (गतौ) । move, transfer
  1c 221 ध्वजँ । ध्वज् । ध्वजति । P । सेट् । स०

222 ध्वजि गतौ । ध्रिज च । move, transfer
  1c 222 ध्वजिँ । ध्वञ्ज् । ध्वञ्जति । P । सेट् । स०

223 कूज अव्यक्ते शब्दे । make inarticulate sound, hum, coo
  1c 223 कूजँ । कूज् । कूजति । P । सेट् । अ०

224 अर्ज (अर्जने) । procure, take
  1c 224 अर्जँ । अर्ज् । अर्जति । P । सेट् । स०

225 षर्ज अर्जने । earn, acquire, gain by hard work
  1c 225 षर्जँ । सर्ज् । सर्जति । P । सेट् । स०

226 गर्ज शब्दे । roar, sound
  1c 226 गर्जँ । गर्ज् । गर्जति । P । सेट् । अ०

227 तर्ज भर्त्सने । threaten, scold
  1c 227 तर्जँ । तर्ज् । तर्जति । P । सेट् । स०

228 कर्ज व्यथने । pain, torment
  1c 228 कर्जँ । कर्ज् । कर्जति । P । सेट् । स०

229 खर्ज पूजने च । pain, torment, worship
  1c 229 खर्जँ । खर्ज् । खर्जति । P । सेट् । स०

230 अज गतिक्षेपणयोः । go, censure, drive
  1c 230 अजँ । अज् । अजति । P । सेट् । स०

231 तेज पालने | protect, nourish
1c 231 तेजँ | तेज् | तेजति | P | सेट् | स०

232 खज मन्थे । (कज मद इत्येके) | churn, agitate
1c 232 खजँ | खज् | खजति | P | सेट् | स०

233 खजि गतिवैकल्ये | limp, walk lame
1c 233 खजिँ | खञ्ज् | खञ्जति | P | सेट् | अ०

234 एजृ कम्पने | shake
1c 234 एजृँ | एज् | एजति | P | सेट् | अ०

235 टुओस्फूर्जा वज्रनिर्घोषे | thunder, crash, make lightening strike
1c 235 टुओँस्फूर्जाँ | स्फूर्ज् | स्फूर्जति | P | सेट् | अ०

236 क्षि क्षये | decay, diminish, waste, be brief
1c 236 क्षि | क्षि | क्षयति | P | अनिट् | अ०*

237 क्षीज अव्यक्ते शब्दे | hum, moan, be annoyed
1c 237 क्षीजँ | क्षीज् | क्षीजति | P | सेट् | अ०

238 लज (भर्त्सने) | disregard, humilate, roast, fry
1c 238 लजँ | लज् | लजति | P | सेट् | स०

239 लजि (भर्त्सने) | disregard, humilate, roast, fry
1c 239 लजिँ | लञ्ज् | लञ्जति | P | सेट् | स०

240 लाज (भर्त्सने) | blame, censure, roast, fry
1c 240 लाजँ | लाज् | लाजति | P | सेट् | स०

241 लाजि भर्जने च | blame, censure, roast, fry
1c 241 लाजिँ | लाञ्ज् | लाञ्जति | P | सेट् | स०

242 जज (युद्धे) । fight, attack
  1c 242 जजँ । जज् । जजति । P । सेट् । अ०

243 जजि युद्धे । fight, attack
  1c 243 जजिँ । जञ्ज् । जञ्जति । P । सेट् । अ०

244 तुज हिंसायाम् । cause pain, injure
  1c 244 तुजँ । तुज् । तोजति । P । सेट् । स०

245 तुजि पालने । protect, hurt
  1c 245 तुजिँ । तुञ्ज् । तुञ्जति । P । सेट् । स०

246 गज (शब्दार्थाः) । मदने च । roar, be drunk, be confused
  1c 246 गजँ । गज् । गजति । P । सेट् । अ०

247 गजि (शब्दार्थाः) । sound
  1c 247 गजिँ । गञ्ज् । गञ्जति । P । सेट् । अ०

248 गृज (शब्दार्थाः) । sound, roar, grumble
  1c 248 गृजँ । गृज् । गर्जति । P । सेट् । अ०

249 गृजि (शब्दार्थाः) । sound, roar
  1c 249 गृजिँ । गृञ्ज् । गृञ्जति । P । सेट् । अ०

250 मुज (शब्दार्थाः) । sound, clean
  1c 250 मुजँ । मुज् । मोजति । P । सेट् । अ०

251 मुजि शब्दार्थाः । गज मदने च । sound, clean
  1c 251 मुजिँ । मुञ्ज् । मुञ्जति । P । सेट् । अ०

252 वज (गतौ) । go, move, roam
  1c 252 वजँ । वज् । वजति । P । सेट् । स०

253 व्रज गतौ । go, walk, proceed

1c 253 व्रजँ । व्रज् । व्रजति । P । सेट् । स०

शुचादयः उदात्ताः उदात्तेतः (क्षिवर्जं) परस्मैभाषाः ।
अथ टवर्गीयान्ताः शाड्रन्ताः आत्मनेपदिनः षड्विंशत् ।

254 अट्ट अतिक्रमहिंसनयोः । transgress, hurt, surpass

1c 254 अट्टँ । अट्ट् । अट्टते । A । सेट् । स०

255 वेष्ट वेष्टने । surround, enclose, envelop

1c 255 वेष्टँ । वेष्ट् । वेष्टते । A । सेट् । स०

256 चेष्ट चेष्टायाम् । try, endeavour

1c 256 चेष्टँ । चेष्ट् । चेष्टते । A । सेट् । अ०

257 गोष्ट (सङ्घाते) । assemble, collect

1c 257 गोष्टँ । गोष्ट् । गोष्टते । A । सेट् । अ०

258 लोष्ट सङ्घाते । gather, accumulate

1c 258 लोष्टँ । लोष्ट् । लोष्टते । A । सेट् । अ०

259 घट्ट चलने । shake, touch, rub, stir

1c 259 घट्टँ । घट्ट् । घट्टते । A । सेट् । अ०

260 स्फुट विकसने । burst, split, bloom

1c 260 स्फुटँ । स्फुट् । स्फोटते । A । सेट् । अ०

261 अठि गतौ । go

1c 261 अठिँ । अण्ठ् । अण्ठते । A । सेट् । स०

262 वठि एकचर्यायाम् । go alone,be unaccompanied,be solitary

1c 262 वठिँ । वण्ठ् । वण्ठते । A । सेट् । अ०

263 मठि (शोके) । suffer, desire feverishly

1c 263 मठिँ । मण्ठ् । मण्ठते । A । सेट् । स०

264 कठि शोके । mourn
  1c 264 कठिँ । कण्ठ् । कण्ठते । A । सेट् । स०

265 मुठि पालने । protect, run away, fly
  1c 265 मुठिँ । मुण्ठ् । मुण्ठते । A । सेट् । स०

266 हेठ विबाधायाम् । obstruct, be cruel
  1c 266 हेठँ । हेठ् । हेठते । A । सेट् । स०

267 एठ च । annoy, resist
  1c 267 एठँ । एठ् । एठते । A । सेट् । स०

268 हिडि गत्यनादरयोः । wander, humiliate
  1c 268 हिडिँ । हिण्ड् । हिण्डते । A । सेट् । स०

269 हुडि संघाते । gather, collect, dive
  1c 269 हुडिँ । हुण्ड् । हुण्डते । A । सेट् । स०

270 कुडि दाहे । burn
  1c 270 कुडिँ । कुण्ड् । कुण्डते । A । सेट् । स०

271 वडि विभाजने । partition, share
  1c 271 वडिँ । वण्ड् । वण्डते । A । सेट् । स०

272 मडि च । divide
  1c 272 मडिँ । मण्ड् । मण्डते । A । सेट् । स०

273 भडि परिभाषणे । jest, accuse
  1c 273 भडिँ । भण्ड् । भण्डते । A । सेट् । स०

274 पिडि सङ्घाते । join, unite, accumulate, make heap
  1c 274 पिडिँ । पिण्ड् । पिण्डते । A । सेट् । अ०

275 मुडि मार्जने । cleanse, be clean, plunge, sink

1c 275 मुडिँ । मुण्ड् । मुण्डते । A । सेट् । स०

276 तुडि तोडने । pluck, cut with teeth, cause pain, press

1c 276 तुडिँ । तुण्ड् । तुण्डते । A । सेट् । स०

277 हुडि वरणे । हरण इत्येके । स्फुडि विकसने । collect, accept, acknowledge, take

1c 277 हुडिँ । हुण्ड् । हुण्डते । A । सेट् । स०

278 चडि कोपे । be angry, punch

1c 278 चडिँ । चण्ड् । चण्डते । A । सेट् । अ०

279 शडि रुजायां सङ्घाते च । be ill, hurt, collect

1c 279 शडिँ । शण्ड् । शण्डते । A । सेट् । अ०

280 तडि ताडने । strike, hit, beat

1c 280 तडिँ । तण्ड् । तण्डते । A । सेट् । स०

281 पडि गतौ । go, move

1c 281 पडिँ । पण्ड् । पण्डते । A । सेट् । स०

282 कडि मदे । be proud

1c 282 कडिँ । कण्ड् । कण्डते । A । सेट् । अ०

283 खडि मन्थे । churn, agitate

1c 283 खडिँ । खण्ड् । खण्डते । A । सेट् । स०

284 हेडृ (अनादरे) । disregard, neglect

1c 284 हेडृँ । हेड् । हेडते । A । सेट् । स०

285 होडृ अनादरे । disregard, neglect

1c 285 होडृँ । होड् । होडते । A । सेट् । स०

286 बाडृ आप्लाव्ये । flood, sink, dive

1c 286 बाडृँ । बाड् । बाडते । A । सेट् । अ०

287 द्राडृ (विशरणे) । split, divide

1c 287 द्राडृँ । द्राड् । द्राडते । A । सेट् । अ०

288 ध्राडृ विशरणे । split, divide

1c 288 ध्राडृँ । ध्राड् । ध्राडते । A । सेट् । अ०

289 शाडृ श्लाघायाम् । praise, boast, swim

1c 289 शाडृँ । शाड् । शाडते । A । सेट् । स०

अट्टादयः उदात्ताः अनुदात्तेतः आत्मनेभाषाः ।
अथ आ टवर्गीयान्तसमाप्तेः परस्मैपदिनः ।

290 शौटृ गर्वे । be proud, be haughty

1c 290 शौटृँ । शौट् । शौटति । P । सेट् । अ०

291 यौटृ बन्धे । join together

1c 291 यौटृँ । यौट् । यौटति । P । सेट् । स०

292 म्लेटृ (उन्मादे) । be mad, be crazy

1c 292 म्लेटृँ । म्लेट् । म्लेटति । P । सेट् । अ०

293 म्रेडृ उन्मादे । be mad, be crazy

1c 293 म्रेडृँ । म्रेड् । म्रेडति । P । सेट् । अ०

294 कटे वर्षावरणयोः । चटे इत्येके । rain, cover

1c 294 कटेँ । कट् । कटति । P । सेट् । स०

295 अट (गतौ) । roam, wander

1c 295 अटँ । अट् । अटति । P । सेट् । स०

296   पट गतौ । move, go
   1c 296   पटँ । पट् । पटति । P । सेट् । स०

297   रट परिभाषणे । speak, shout, yell
   1c 297   रटँ । रट् । रटति । P । सेट् । स०

298   लट बाल्ये । act childish, be kiddish,prattle,talk less
   1c 298   लटँ । लट् । लटति । P । सेट् । अ०

299   शट रुजाविशरणगत्यवसादनेषु । be ill, divide,separate,be tired
   1c 299   शटँ । शट् । शटति । P । सेट् । स०

300   वट वेष्टने । surround, encompass, bind
   1c 300   वटँ । वट् । वटति । P । सेट् । स०

301   किट (त्रासे) । alarm, trouble, terrorise
   1c 301   किटँ । किट् । केटति । P । सेट् । अ०

302   खिट त्रासे । be frightened, frighten, pain
   1c 302   खिटँ । खिट् । खेटति । P । सेट् । अ०

303   शिट (अनादरे) । despise, insult
   1c 303   शिटँ । शिट् । शेटति । P । सेट् । स०

304   षिट अनादरे । insult, neglect, despise
   1c 304   षिटँ । सिट् । सेटति । P । सेट् । स०

305   जट (सङ्घाते) । clot,be matted,be twisted,do hair bun
   1c 305   जटँ । जट् । जटति । P । सेट् । अ०

306   झट सङ्घाते । be collected, be matted
   1c 306   झटँ । झट् । झटति । P । सेट् । अ०

307 भट भृतौ । wear, have, hire, nourish
   1c 307 भटँ । भट् । भटति । P । सेट् । स०

308 तट उच्छ्राये । be elevated, undergo enlargement
   1c 308 तटँ । तट् । तटति । P । सेट् । अ०

309 खट काङ्क्षायाम् । desire, search, trace
   1c 309 खटँ । खट् । खटति । P । सेट् । स०

310 णट नृत्तौ । dance
   1c 310 णटँ । नट् । नटति । P । सेट् । अ०

311 पिट शब्दसङ्घातयोः । sound, put together, assemble, heap
   1c 311 पिटँ । पिट् । पेटति । P । सेट् । अ०

312 हट दीप्तौ । shine
   1c 312 हटँ । हट् । हटति । P । सेट् । अ०

313 षट अवयवे । be a part of, be a portion of
   1c 313 षटँ । सट् । सटति । P । सेट् । अ०

314 लुट विलोडने ।डान्तोऽयमित्येके । stir, shake, roll
   1c 314 लुटँ । लुट् । लोटति । P । सेट् । स०

315 चिट परप्रेष्ये । serve, obey like a servant
   1c 315 चिटँ । चिट् । चेटति । P । सेट् । अ०

316 विट शब्दे । sound, curse, rail
   1c 316 विटँ । विट् । वेटति । P । सेट् । अ०

317 बिट आक्रोशे ।हिट इत्येके । curse, abuse
   1c 317 बिटँ । बिट् । बेटति । P । सेट् । स०

318   इट (गतौ) । go

  1c 318   इटँ । इट् । एटति । P । सेट् । स०

319   किट (गतौ) । go, terrorize

  1c 319   किटँ । किट् । केटति । P । सेट् । अ०

320   कटी गतौ । go

  1c 320   कटीँ । कट् । कटति । P । सेट् । स०

321   मडि भूषायाम् । adorn

  1c 321   मडिँ । मण्ड् । मण्डति । P । सेट् । स०

322   कुडि वैकल्ये । कुटि इत्येके ।burn, mutilate, be blunted

  1c 322   कुडिँ । कुण्ड् । कुण्डति । P । सेट् । अ०

323   मुड (मर्दने) ।मुट केचित् । punch, rub, crush, press

  1c 323   मुडँ । मुड् । मोडति । P । सेट् । स०

324   प्रुड मर्दने ।पुट केचित् । grind, rub, fold

  1c 324   प्रुडँ । प्रुड् । प्रोडति । P । सेट् । स०

325   चुडि अल्पीभावे । be less, be small, be a handful

  1c 325   चुडिँ । चुण्ड् । चुण्डति । P । सेट् । अ०

326   मुडि खण्डने ।मुटि केचित् ।पुडि चेत्येके ।crush, grind, pierce

  1c 326   मुडिँ । मुण्ड् । मुण्डति । P । सेट् । स०

327   रुटि (स्तेये) । steal, rob

  1c 327   रुटिँ । रुण्ट् । रुण्टति । P । सेट् । स०

328   लुटि स्तेये ।रुठि लुठि इत्येके ।रुडि लुडि इत्यपरे । steal, rob, plunder, despise

  1c 328   लुटिँ । लुण्ट् । लुण्टति । P । सेट् । अ०

329 स्फुटिर् विशरणे । स्फुटि इत्यपि केचित् । destroy, be destroyed, blast

1c 329 स्फुटिँर् । स्फुट् । स्फोटति । P । सेट् । अ०

330 पठ व्यक्तायां वाचि । read, learn

1c 330 पठँ । पठ् । पठति । P । सेट् । स०

331 वठ स्थौल्ये । be powerful, be fat

1c 331 वठँ । वठ् । वठति । P । सेट् । अ०

332 मठ मदनिवासयोः । be arrogant, reside

1c 332 मठँ । मठ् । मठति । P । सेट् । अ०

333 कठ कृच्छ्रजीवने । live in difficulty

1c 333 कठँ । कठ् । कठति । P । सेट् । अ०

334 रट परिभाषणे । रठ इत्येके । speak, shout, yell

1c 334 रटँ । रट् । रटति । P । सेट् । स०

335 हठ प्लुतिशठत्वयोः । बलात्कार इत्यन्ये ।jump, hop, be wicked

1c 335 हठँ । हठ् । हठति । P । सेट् । अ०

336 रुठ (उपघाते) । रुट केचित् । strike against, fall down, lie flat

1c 336 रुठँ । रुठ् । रोठति । P । सेट् । स०

337 लुठ उपघाते । knock down, roll on ground

1c 337 लुठँ । लुठ् । लोठति । P । सेट् । स०

338 उठ उपघाते । ऊठ इत्येके । strike, destroy, beat

1c 338 उठँ । उठ् । ओठति । P* । सेट् । स०

339 पिठ हिंसासङ्क्लेशनयोः । inflict pain, feel pain

1c 339 पिठँ । पिठ् । पेठति । P । सेट् । स०

340 शठ कैतवे च । deceive, cheat, suffer

1c 340 शठँ । शठ् । शठति । P । सेट् । स०

341 शुठ गतिप्रतिघाते । शुठि इति स्वामी । obstruct, be obstructed, limp

1c 341 शुठँ । शुठ् । शोठति । P । सेट् । स०

342 कुठि च । be blunted

1c 342 कुठिँ । कुण्ठ् । कुण्ठति । P । सेट् । स०

343 लुठि आलस्ये प्रतिघाते च । be idle, be lazy, limp, resist

1c 343 लुठिँ । लुण्ठ् । लुण्ठति । P । सेट् । स०

344 शुठि शोषणे । dry

1c 344 शुठिँ । शुण्ठ् । शुण्ठति । P । सेट् । स०

345 रुठि (गतौ) । go, be lame, limp

1c 345 रुठिँ । रुण्ठ् । रुण्ठति । P । सेट् । स०

346 लुठि गतौ । go, set in motion

1c 346 लुठिँ । लुण्ठ् । लुण्ठति । P । सेट् । स०

347 चुड्ड भावकरणे । make foreplay, indulge in sex, flirt

1c 347 चुड्डँ । चुड्ड् । चुड्डति । P । सेट् । अ०

348 अड्ड अभियोगे । join

1c 348 अड्डँ । अड्ड् । अड्डति । P । सेट् । स०

349 कड्ड कार्कश्ये । चुड्डादयस्त्रयोदोपधाः । be hard, be rough

1c 349 कड्डँ । कड्ड् । कड्डति । P । सेट् । अ०

350 क्रीड़ृ विहारे । play, enjoy, entertain

1c 350 क्रीड़ृँ । क्रीड् । क्रीडति । P । सेट् । अ०

351 तुड्ट तोडने । तूड्ट इत्येके । disregard, pluck

1c 351 तुड्टँ । तुड् । तोडति । P । सेट् । स०

352 हुड्ट (गतौ) । go, compete

1c 352 हुड्टँ । हुड् । होडति । P । सेट् । स०

353 हूड्ट (गतौ) । go, move

1c 353 हूड्टँ । हूड् । हूडति । P । सेट् । स०

354 होड्ट गतौ । go

1c 354 होड्टँ । होड् । होडति । P । सेट् । स०

355 रौड्ट अनादरे । disrespect, dishonour

1c 355 रौड्टँ । रौड् । रौडति । P । सेट् । स०

356 रोड्ट (उन्मादे) । be drunk, be mad, be humiliated

1c 356 रोड्टँ । रोड् । रोडति । P । सेट् । अ०

357 लोड्ट उन्मादे । be mad, be stupid

1c 357 लोड्टँ । लोड् । लोडति । P । सेट् । अ०

358 अड उद्यमे । try, endeavor

1c 358 अडँ । अड् । अडति । P । सेट् । स०

359 लड विलासे । लल इत्येके । play, sport, loll the tongue

1c 359 लडँ । लड् । लडति । P । सेट् । अ०

360 कड मदे । कडि इत्येके । be proud, be glad

1c 360 कडँ । कड् । कडति । P । सेट् । अ०

361 गडि वदनैकदेशे । affect the cheek, goitre

1c 361 गडिँ । गण्ड् । गण्डति । P । सेट् । अ०

शौट्रादयः उदात्ताः उदात्तेतः परस्मैभाषाः ।
अथ पवर्गीयान्ताः आत्मनेपदिनः स्तोभत्यन्ताः चतुस्त्रिंशत् ।

362 तिपृ (क्षरणे) । sprinkle

1c 362 तिपृँ । तिप् । तेपते । A । सेट् * । अ०

363 तेपृ (क्षरणे) । कम्पने च । distill, leak, tremble

1c 363 तेपृँ । तेप् । तेपते । A । सेट् । अ०

364 ष्टिपृ (क्षरणे) । drop, drip, ooze

1c 364 ष्टिपृँ । स्तिप् । स्तेपते । A । सेट् । अ०

365 ष्टेपृ क्षरणार्थाः । आद्योऽनुदात्तः । तेपृ कम्पने च । ooze,trickle,wet

1c 365 ष्टेपृँ । स्तेप् । स्तेपते । A । सेट् । अ०

366 ग्लेपृ दैन्ये । be poor, be dependent

1c 366 ग्लेपृँ । ग्लेप् । ग्लेपते । A । सेट् । स०

367 टुवेपृ कम्पने । tremble

1c 367 टुवेपृँ । वेप् । वेपते । A । सेट् । अ०

368 केपृ (कम्पने) । गतौ च । shake, go

1c 368 केपृँ । केप् । केपते । A । सेट् । अ०

369 गेपृ (कम्पने) । गतौ च । shake, tremble, go, transfer

1c 369 गेपृँ । गेप् । गेपते । A । सेट् । स०

370 ग्लेपृ कम्पने गतौ च । be poor, be dependent, tremble, go

1c 370 ग्लेपृँ । ग्लेप् । ग्लेपते । A । सेट् । स०

371 मेपृ (गतौ) । move, serve

1c 371 मेपृँ । मेप् । मेपते । A । सेट् । स०

372 रेपृ (गतौ) । go, move

1c 372 रेपृँ । रेप् । रेपते । A । सेट् । स०

373 लेपृ गतौ । go near, reach close, sound

1c 373 लेपृँ । लेप् । लेपते । A । सेट् । स०

374 त्रपूष् लज्जायाम् । be ashamed

1c 374 त्रपूँष् । त्रप् । त्रपते । A । वेट् । अ०

375 कपि चलने । shake, move about

1c 375 कपिँ । कम्प् । कम्पते । A । सेट् । अ०

376 रबि (शब्दे) । sound

1c 376 रबिँ । रम्ब् । रम्बते । A । सेट् । अ०

377 लबि (शब्दे) । sound

1c 377 लबिँ । लम्ब् । लम्बते । A । सेट् । अ०

378 अबि शब्दे । sound

1c 378 अबिँ । अम्ब् । अम्बते । A । सेट् । अ०

379 लबि अवस्रंसने च । sound, hang, dangle, drop head first

1c 379 लबिँ । लम्ब् । लम्बते । A । सेट् । अ०

380 कबृ वर्णे । paint, describe, write poetry

1c 380 कबृँ । कब् । कबते । A । सेट् । अ०

381 क्लीबृ अधाष्टर्ये । be timid, be weak, be impotent

1c 381 क्लीबृँ । क्लीब् । क्लीबते । A । सेट् । अ०

382 क्षीबृ मदे । be intoxicated, be carefree

1c 382 क्षीबृँ । क्षीब् । क्षीबते । A । सेट् । अ०

383 शीभृ कत्थने । praise, boast

1c 383 शीभृँ । शीभ् । शीभते । A । सेट् । स०

384 चीभृ च । praise, praise falsely

1c 384 चीभृँ । चीभ् । चीभते । A । सेट् । स०

385 रेभृ शब्दे । अभि , रभि क्वचित् पठ्येते । लभि च । sound

1c 385 रेभृँ । रेभ् । रेभते । A । सेट् । अ०

386 ष्टभि (प्रतिबन्धे) । stop, be stupid, hold firmly

1c 386 ष्टभिँ । स्तम्भ् । स्तम्भते । A । सेट् । स०

387 स्कभि प्रतिबन्धे । stop

1c 387 स्कभिँ । स्कम्भ् । स्कम्भते । A । सेट् । स०

388 जभी (गात्रविनामे) । 7.1.61 रधिजभोरचि इति नुम् आगमः ।
yawn, gape, copulate, make love

1c 388 जभीँ । जम्भ् । जम्भते । A । सेट् । अ०

389 जृभि गात्रविनामे । yawn

1c 389 जृभिँ । जृम्भ् । जृम्भते । A । सेट् । अ०

390 शल्भ कत्थने । praise, boast

1c 390 शल्भँ । शल्भ् । शल्भते । A । सेट् । स०

391 वल्भ भोजने । eat, devour

1c 391 वल्भँ । वल्भ् । वल्भते । A । सेट् । स०

392 गल्भ धाष्टर्ये । be bold, be confident

1c 392 गल्भँ । गल्भ् । गल्भते । A । सेट् । अ०

393 श्रम्भु प्रमादे । दन्त्यादिश्च । be careless, be negligent, err

1c 393 श्रम्भुँ । श्रम्भ् । श्रम्भते । A । सेट् । अ०

394   ष्टुभु स्तम्भे । prevent, suppress

   1c 394   ष्टुभुँ । स्तुभ् । स्तोभते । A । सेट् । अ०

तिप्यादयः उदात्ताः अनुदात्तेतः आत्मनेभाषाः । तिपिः तु अनुदात्तः ।
अथ पवर्गीयान्ताः परस्मैपदिनः एकचत्वारिंशत् ।

395   गुपू रक्षणे । स्वार्थे आयः । protect, hide

   1c 395   गुपूँ । गुप् । गोपायति । P । वेट् । स०

396   धूप सन्तापे । स्वार्थे आयः । heat, be heated, fumigate

   1c 396   धूपँ । धूप् । धूपायति । P । सेट् । स०

397   जप (व्यक्तायां वाचि) । मानसे च । do japa, mutter, utter in low voice

   1c 397   जपँ । जप् । जपति । P । सेट् । स०

398   जल्प व्यक्तायां वाचि । जप मानसे च । prattle, speak

   1c 398   जल्पँ । जल्प् । जल्पति । P । सेट् । स०

399   चप सान्त्वने । console, soothe

   1c 399   चपँ । चप् । चपति । P । सेट् । स०

400   षप समवाये । honour, know well, be attached

   1c 400   षपँ । सप् । सपति । P । सेट् । स०

401   रप (व्यक्तायां वाचि) । talk, chatter

   1c 401   रपँ । रप् । रपति । P । सेट् । स०

402   लप व्यक्तायां वाचि । speak, make general talk

   1c 402   लपँ । लप् । लपति । P । सेट् । अ०

403   चुप मन्दायां गतौ । move slowly, creep, walk stealthily

   1c 403   चुपँ । चुप् । चोपति । P । सेट् । अ०

404 तुप (हिंसायाम्) । hurt, cause pain

1c 404 तुपँ । तुप् । तोपति । P । सेट् । स०

405 तुम्प (हिंसायाम्) । hurt, strike

1c 405 तुम्पँ । तुम्प् । तुम्पति । P । सेट् । स०

406 त्रुप (हिंसायाम्) । hurt, torture

1c 406 त्रुपँ । त्रुप् । त्रोपति । P । सेट् । स०

407 त्रुम्प (हिंसायाम्) । hurt, torture

1c 407 त्रुम्पँ । त्रुम्प् । त्रुम्पति । P । सेट् । स०

408 तुफ (हिंसायाम्) । hurt, cause pain

1c 408 तुफँ । तुफ् । तोफति । P । सेट् । स०

409 तुम्फ (हिंसायाम्) । hurt, strike

1c 409 तुम्फँ । तुम्फ् । तुम्फति । P । सेट् । स०

410 त्रुफ (हिंसायाम्) । hurt, torture

1c 410 त्रुफँ । त्रुफ् । त्रोफति । P । सेट् । स०

411 त्रुम्फ हिंसार्थाः । hurt, torture

1c 411 त्रुम्फँ । त्रुम्फ् । त्रुम्फति । P । सेट् । स०

412 पर्प (गतौ) । move

1c 412 पर्पँ । पर्प् । पर्पति । P । सेट् । स०

413 रफ (गतौ) । go, hurt

1c 413 रफँ । रफ् । रफति । P । सेट् । स०

414 रफि (गतौ) । go, hurt

1c 414 रफिँ । रम्फ् । रम्फति । P । सेट् । स०

415 अर्ब (गतौ) । go towards, hurt

1c 415 अर्बँ । अर्ब् । अर्बति । P । सेट् । स०

416 पर्ब (गतौ) । move

1c 416 पर्बँ । पर्ब् । पर्बति । P । सेट् । स०

417 लर्ब (गतौ) । go, move

1c 417 लर्बँ । लर्ब् । लर्बति । P । सेट् । स०

418 बर्ब (गतौ) । go, move

1c 418 बर्बँ । बर्ब् । बर्बति । P । सेट् । स०

419 मर्ब (गतौ) । go, move

1c 419 मर्बँ । मर्ब् । मर्बति । P । सेट् । स०

420 कर्ब (गतौ) । go

1c 420 कर्बँ । कर्ब् । कर्बति । P । सेट् । स०

421 खर्ब (गतौ) । go

1c 421 खर्बँ । खर्ब् । खर्बति । P । सेट् । स०

422 गर्ब (गतौ) । go

1c 422 गर्बँ । गर्ब् । गर्बति । P । सेट् । स०

423 शर्ब (गतौ) । go, injure, harm

1c 423 शर्बँ । शर्ब् । शर्बति । P । सेट् । स०

424 षर्ब (गतौ) ।षर्व केचित् । go, move

1c 424 षर्बँ । सर्ब् । सर्बति । P । सेट् । स०

425 चर्ब गतौ । go

1c 425 चर्बँ । चर्ब् । चर्बति । P । सेट् । स०

426 कुबि आच्छादने । cover, tremble

1c 426 कुबिँ । कुम्ब् । कुम्बति । P । सेट् । स०

427 लुबि (अर्दने) । hurt, harm, peck

1c 427 लुबिँ । लुम्ब् । लुम्बति । P । सेट् । स०

428 तुबि अर्दने । hurt, cause pain

1c 428 तुबिँ । तुम्ब् । तुम्बति । P । सेट् । स०

429 चुबि वक्त्रसंयोगे । kiss, touch softly

1c 429 चुबिँ । चुम्ब् । चुम्बति । P । सेट् । स०

430 षृभु (हिंसार्थौ) । hurt, injure

1c 430 षृभुँ । सृभ् । सर्भति । P । सेट् । स०

431 षृम्भु हिंसार्थौ । षिभु षिभि इत्येके । hurt, injure

1c 431 षृम्भुँ । सृम्भ् । सृम्भति । P । सेट् । स०

432 शुभ (भाषणे) । shine, speak

1c 432 शुभँ । शुभ् । शोभति । P । सेट् । स०

433 शुम्भ भाषणे । भासने इत्येके । हिंसायाम् इत्यन्ये । shine, speak

1c 433 शुम्भँ । शुम्भ् । शुम्भति । P । सेट् । स०

गुपादयः उदात्ताः उदात्तेतः परस्मैभाषाः ।

अथ अनुनासिकान्ताः आत्मनेपदिनः दश ।

434 घिणि (ग्रहणे) । take

1c 434 घिणिँ॒ । घिण्ण् । घिण्णते । A । सेट् । स०

435 घुणि (ग्रहणे) । take, accept

1c 435 घुणिँ॒ । घुण्ण् । घुण्णते । A । सेट् । स०

436 घृणि ग्रहणे । take, accept

1c 436 घृणिँ॒ । घृण्ण् । घृण्णते । A । सेट् । स०

437 घुण (भ्रमणे) । roll, wheel, stagger, reel

1c 437 घुणँ । घुण् । घोणते । A । सेट् । अ०

438 घूर्ण भ्रमणे । whirl, turn round, revolve

1c 438 घूर्णँ । घूर्ण् । घूर्णते । A । सेट् । अ०

439 पण व्यवहारे स्तुतौ च । स्तुतौ अर्थे आय । barter, bargain, deal

1c 439 पणँ । पण् । पणते, पणायति । A* । सेट् । स०

440 पन च । व्यवहारे स्तुतौ च । स्तुतौ अर्थे आय । praise, extol

1c 440 पनँ । पन् । पनते, पनायति । A* । सेट् । स०

441 भाम क्रोधे । be angry, wrathful, annoyed

1c 441 भामँ । भाम् । भामते । A । सेट् । अ०

442 क्षमूष् सहने । suffer, tolerate, forgive, stop

1c 442 क्षमूँष् । क्षम् । क्षमते । A । वेट् । स०

443 कमु कान्तौ । 3.1.30 कमेर्णिङ् इति स्वार्थे णिङ् इति वृद्धिः । love, be enamoured of

1c 443 कमुँ । कम् । कामयते । A । सेट् । स०

घिण्यादयः उदात्ताः अनुदात्तेतः आत्मनेभाषाः ।
अथ क्रम्यन्ताः परस्मैपदिनः त्रिंशत् ।

444 अण शब्दे । sound

1c 444 अणँ । अण् । अणति । P । सेट् । स०

445 रण (शब्दार्थाः) । गतौ च । sound, go

1c 445 रणँ । रण् । रणति । P । सेट् । अ०

446 वण (शब्दार्थाः) । sound

1c 446 वणँ । वण् । वणति । P । सेट् । अ०

447 भण (शब्दार्थाः) । speak clearly be frank, call, give name

1c 447 भणँ । भण् । भणति । P । सेट् । अ०

448 मण (शब्दार्थाः) । murmur, sound indistinct

1c 448 मणँ । मण् । मणति । P । सेट् । अ०

449 कण (शब्दार्थाः) । cry in distress

1c 449 कणँ । कण् । कणति । P । सेट् । अ०

450 क्वण (शब्दार्थाः) । hum, jingle, tinkle, sound indistinctly

1c 450 क्वणँ । क्वण् । क्वणति । P । सेट् । अ०

451 व्रण (शब्दार्थाः) । sound

1c 451 व्रणँ । व्रण् । व्रणति । P । सेट् । अ०

452 भ्रण (शब्दार्थाः) । sound

1c 452 भ्रणँ । भ्रण् । भ्रणति । P । सेट् । अ०

453 ध्वण शब्दार्थाः । धण इत्यपि केचित् । sound

1c 453 ध्वणँ । ध्वण् । ध्वणति । P । सेट् । स०

454 ओणृ अपनयने । remove, take away

1c 454 ओणृँ । ओण् । ओणति । P । सेट् । स०

455 शोणृ वर्णगत्योः । redden, move

1c 455 शोणृँ । शोण् । शोणति । P । सेट् । अ०

456 श्रोणृ सङ्घाते । collect, heap, accumulate

1c 456 श्रोणृँ । श्रोण् । श्रोणति । P । सेट् । अ०

457 श्लोणृ च । सङ्घाते । collect, gather

1c 457 श्लोणृँ । श्लोण् । श्लोणति । P । सेट् । अ०

458 पैणृ गतिप्रेरणश्लेषणेषु । प्रैणृ इत्यपि । permit, go, embrace

1c 458 पैणृँ । पैण् । पैणति । P । सेट् । स०

459 ध्रण शब्दे । (ध्रन) । बण इत्यपि केचित् । sound

1c 459 ध्रणँ । ध्रण् । ध्रणति । P । सेट् । स०

460 कनी दीप्तिकान्तिगतिषु । shine, desire, come close

1c 460 कनीँ । कन् । कनति । P । सेट् । अ०

461 ष्टन (शब्दे) । sound loud, roar

1c 461 ष्टनँ । स्तन् । स्तनति । P । सेट् । अ०

462 वन शब्दे । sound

1c 462 वनँ । वन् । वनति । P । सेट् । स०

463 वन (सम्भक्तौ) । serve, help, be in trouble

1c 463 वनँ । वन् । वनति । P । सेट् । स०

464 षण सम्भक्तौ । love, serve, worship

1c 464 षणँ । सण् । सनति । P । सेट् । स०

465 अम गत्यादिषु । गतौ , शब्दे , सम्भक्तौ इत्यर्थः । go, eat, sound, serve

1c 465 अमँ । अम् । अमति । P । सेट् । स०

466 द्रम (गतौ) । go about, run about

1c 466 द्रमँ । द्रम् । द्रमति । P । सेट् । स०

467 हम्म (गतौ) । move

1c 467 हम्मँ । हम्म् । हम्मति । P । सेट् । स०

468 मीमृ गतौ । मीमृ शब्दे च । go, sound

1c 468 मीमृँ । मीम् । मीमति । P । सेट् । स०

469 चमु (अदने) ।आङ् पूर्वकः ।7.3.75 ष्ठिवुक्लमुचमां शिति इति दीर्घः । drink, sip

1c 469 चमुँ । चम् । आचामति, चमति । P । सेट् । स०

470 छमु (अदने) । eat

1c 470 छमुँ । छम् । छमति । P । सेट् । स०

471 जमु (अदने) । eat

1c 471 जमुँ । जम् । जमति । P । सेट् । स०

472 झमु अदने । जिमु इति केचित् ।eat, swallow

1c 472 झमुँ । झम् । झमति । P । सेट् । स०

473 क्रमु पादविक्षेपे। चरणसश्चालनम् ।7.3.76 क्रमः परस्मैपदेषु इति दीर्घः ।3.1.70 वा भ्राश० इति श्यन् ।walk,step, go fearlessly,protect,grow

1c 473 क्रमुँ । क्रम् । क्रामति / क्रमते, क्राम्यति । P । सेट् । स०

अणादयः उदात्ताः उदात्तेतः परस्मैभाषाः ।
अथ रेवत्यन्ताः आत्मनेपदिनः चत्वारिंशत् ।

474 अय (गतौ) । go

1c 474 अयँ॒ । अय् । अयते । A* । सेट् । स०

475 वय (गतौ) । go, move

1c 475 वयँ॒ । वय् । वयते । A । सेट् । स०

476 पय (गतौ) । move, flow

1c 476 पयँ॒ । पय् । पयते । A । सेट् । स०

477 मय (गतौ) । go, move

1c 477 मयँ॒ । मय् । मयते । A । सेट् । स०

478 चय (गतौ) । go, move

1c 478 चयँ॒ । चय् । चयते । A । सेट् । स०

479 तय (गतौ) । go, move, guard, protect

1c 479 तय॒ँ । तय् । तयते । A । सेट् । स०

480 णय गतौ । go, move, reach, protect

1c 480 णय॒ँ । नय् । नयते । A । सेट् । स०

481 दय दानगतिरक्षणहिंसादानेषु । donate,award,destroy, have pity

1c 481 दय॒ँ । दय् । दयते । A । सेट् । स०

482 रय गतौ । लय च । go, shake

1c 482 रय॒ँ । रय् । रयते । A । सेट् । स०

483 ऊयी तन्तुसन्ताने । weave, sew

1c 483 ऊयी॒ँ । ऊय् । ऊयते । A । सेट् । स०

484 पूयी विशरणे दुर्गन्धे च । break, tear, be smelly

1c 484 पूयी॒ँ । पूय् । पूयते । A । सेट् । अ०

485 क्नूयी शब्दे उन्दने च । make cracking sound, be wet, be smelly

1c 485 क्नूयी॒ँ । क्नूय् । क्नूयते । A । सेट् । स०

486 क्ष्मायी विधूनने । be shaken, shake, move

1c 486 क्ष्मायी॒ँ । क्ष्माय् । क्ष्मायते । A । सेट् । स०

487 स्फायी (वृद्धौ) । grow, swell, be fat

1c 487 स्फायी॒ँ । स्फाय् । स्फायते । A । सेट् । अ०

488 ओप्यायी वृद्धौ । be exuberant, swell

1c 488 ओँप्यायी॒ँ । प्याय् । प्यायते । A । सेट् । अ०

489 तायृ सन्तानपालनयोः । protect, spread

1c 489 ता॒यृँ । ताय् । तायते । A । सेट् । स०

490 शल चलनसंवरणयोः । go, prick, cover

1c 490 शलँ । शल् । शलते । A । सेट् । अ०

491 वल (संवरणे सञ्चरणे च) । cover, encircle, go

1c 491 वलँ । वल् । वलते । A । सेट् । स०

492 वल्ल संवरणे सञ्चरणे च । cover, be covered, hidden, go, move

1c 492 वल्लँ । वल्ल् । वल्लते । A । सेट् । स०

493 मल (धारणे) । hold, possess, stick

1c 493 मलँ । मल् । मलते । A । सेट् । स०

494 मल्ल धारणे । hold, possess, stick

1c 494 मल्लँ । मल्ल् । मल्लते । A । सेट् । स०

495 भल (परिभाषणहिंसादानेषु) । speak, describe, hurt

1c 495 भलँ । भल् । भलते । A । सेट् । स०

496 भल्ल परिभाषणहिंसादानेषु । speak, describe, hurt

1c 496 भल्लँ । भल्ल् । भल्लते । A । सेट् । स०

497 कल शब्दसङ्ख्यानयोः । sound, count

1c 497 कलँ । कल् । कलते । A । सेट् । अ०

498 कल्ल अव्यक्ते शब्दे । अशब्द इति स्वामी । utter indistinct sound, be dumb

1c 498 कल्लँ । कल्ल् । कल्लते । A । सेट् । स०

499 तेवृ (देवने) । sport, cry, repent

1c 499 तेवृँ । तेव् । तेवते । A । सेट् । अ०

500 देवृ देवने । play, sport, gamble

1c 500 देवृँ । देव् । देवते । A । सेट् । अ०

501 षेवृ (सेवने) । serve, be devoted, be yes man, obey

1c 501 षेवृँ । सेव् । सेवते । A । सेट् । स०

502 गेवृ (सेवने) । serve

1c 502 गेवृँ । गेव् । गेवते । A । सेट् । स०

503 ग्लेवृ (सेवने) । serve

1c 503 ग्लेवृँ । ग्लेव् । ग्लेवते । A । सेट् । स०

504 पेवृ (सेवने) । serve

1c 504 पेवृँ । पेव् । पेवते । A । सेट् । स०

505 मेवृ (सेवने) । serve

1c 505 मेवृँ । मेव् । मेवते । A । सेट् । स०

506 म्लेवृ सेवने । शेवृ खेवृ क्लेवृ इत्यप्येके । serve

1c 506 म्लेवृँ । म्लेव् । म्लेवते । A । सेट् । स०

507 रेवृ प्लवगतौ । go flying, swim across, flow like a river

1c 507 रेवृँ । रेव् । रेवते । A । सेट् । अ०

अयादयः उदात्ताः अनुदात्तेतः आत्मनेभाषाः ।
अथ अवत्यन्ताः परस्मैपदिनः एकनवतिः ।

508 मव्य बन्धने । bind, check

1c 508 मव्यँ । मव्य् । मव्यति । P । सेट् । स०

509 सूक्ष्र्य (ईर्ष्यायाम्) । be jealous, be envious, disrespect, insult

1c 509 सूक्ष्र्यँ । सूक्ष्र्य् । सूक्ष्र्यति । P । सेट् । अ०

510 ईक्ष्र्य (ईर्ष्यायाम्) । envy, be jealous

1c 510 ईक्ष्र्यँ । ईक्ष्र्य् । ईक्ष्र्यति । P । सेट् । अ०

511　ईर्ष्य ईर्ष्यार्थाः । be jealous

　　1c 511　ईर्ष्यँ । ईर्ष्य् । ईर्ष्यति । P । सेट् । अ०

512　हय गतौ । go, pray

　　1c 512　हयँ । हय् । हयति । P । सेट् । स०

513　शुच्य अभिषवे । चुच्य इत्येके । bathe, filter, distill

　　1c 513　शुच्यँ । शुच्य् । शुच्यति । P । सेट् । अ०

514　हर्य गतिकान्त्योः । go, desire, shine

　　1c 514　हर्यँ । हर्य् । हर्यति । P । सेट् । स०

515　अल भूषणपर्याप्तिवारणेषु । अयं स्वरितेदित्येके । adorn, be competent, prevent, suffice

　　1c 515　अलँ । अल् । अलति, अलते । U । सेट् । स०

516　ञिफला विशरणे । 3.2.187 ञीतः क्तः । produce, burst, bear fruit, yield

　　1c 516　ञिफलाँ । फल् । फलति । P । सेट् । अ०

517　मील (निमेषणे) । wink, blink, hide

　　1c 517　मीलँ । मील् । मीलति । P । सेट् । अ०

518　श्मील (निमेषणे) । wink, twinkle, bat eyes

　　1c 518　श्मीलँ । श्मील् । श्मीलति । P । सेट् । अ०

519　स्मील (निमेषणे) । wink, blink

　　1c 519　स्मीलँ । स्मील् । स्मीलति । P । सेट् । अ०

520　क्ष्मील निमेषणे । twinkle, close eyelids, droop

　　1c 520　क्ष्मीलँ । क्ष्मील् । क्ष्मीलति । P । सेट् । अ०

521   पील प्रतिष्टम्भे । be stupid, stop, break speed
   1c 521   पीलँ । पील् । पीलति । P । सेट् । स०

522   णील वर्णे । dye blue, dye indigo
   1c 522   णीलँ । नील् । नीलति । P । सेट् । अ०

523   शील समाधौ । contemplate, meditate
   1c 523   शीलँ । शील् । शीलति । P । सेट् । अ०

524   कील बन्धने । bind, tie to stake
   1c 524   कीलँ । कील् । कीलति । P । सेट् । स०

525   कूल आवरणे । cover, hide
   1c 525   कूलँ । कूल् । कूलति । P । सेट् । स०

526   शूल रुजायां सङ्घोषे च । have stomach pain, suffer, assassinate
   1c 526   शूलँ । शूल् । शूलति । P । सेट् । स०

527   तूल निष्कर्षे । give up, exile
   1c 527   तूलँ । तूल् । तूलति । P । सेट् । स०

528   पूल सङ्घाते । heap, collect, gather
   1c 528   पूलँ । पूल् । पूलति । P । सेट् । अ०

529   मूल प्रतिष्ठायाम् । be rooted, be firm, plant
   1c 529   मूलँ । मूल् । मूलति । P । सेट् । अ०

530   फल निष्पत्तौ । burst, bloom, yield fruit
   1c 530   फलँ । फल् । फलति । P । सेट् । अ०

531   चुल्ल भावकरणे । make amorous gestures
   1c 531   चुल्लँ । चुल्ल् । चुल्लति । P । सेट् । अ०

532 फुल्ल विकसने । bloom, expand, open, smile

1c 532 फुल्लँ । फुल्ल् । फुल्लति । P । सेट् । अ०

533 चिल्ल शैथिल्ये भावकरणे च । act wantonly, sport, relieve, loosen

1c 533 चिल्लँ । चिल्ल् । चिल्लति । P । सेट् । अ०

534 तिल गतौ । तिल्ल इत्येके । go

1c 534 तिलँ । तिल् । तेलति । P । सेट् । स०

535 वेलृ (चलने) । go, move, shake, tremble

1c 535 वेलृँ । वेल् । वेलति । P । सेट् । स०

536 चेलृ (चलने) । shake, be disturbed

1c 536 चेलृँ । चेल् । चेलति । P । सेट् । अ०

537 केलृ (चलने) । be shaken, go

1c 537 केलृँ । केल् । केलति । P । सेट् । अ०

538 खेलृ (चलने) । shake, tremble, play, go

1c 538 खेलृँ । खेल् । खेलति । P । सेट् । अ०

539 क्ष्वेलृ (चलने) । tremble, shudder, jump, play

1c 539 क्ष्वेलृँ । क्ष्वेल् । क्ष्वेलति । P । सेट् । अ०

540 वेल्ल चलने । go, move, shake, tremble

1c 540 वेल्लँ । वेल्ल् । वेल्लति । P । सेट् । अ०

541 पेलृ (गतौ) । go, move, shake

1c 541 पेलृँ । पेल् । पेलति । P । सेट् । स०

542 फेलृ (गतौ) । go, move, transfer

1c 542 फेलृँ । फेल् । फेलति । P । सेट् । स०

543 शेलृ गतौ।षेलृ इत्येके। go, move, tremble

1c 543 शेलृँ । शेल् । शेलति । P । सेट् । स०

544 स्खल सञ्चलने। stumble, tumble, fall

1c 544 स्खलँ । स्खल् । स्खलति । P । सेट् । अ०

545 खल सञ्चये। move, gather, collect

1c 545 खलँ । खल् । खलति । P । सेट् । स०

546 गल अदने। eat, drop,fall down

1c 546 गलँ । गल् । गलति । P । सेट् । स०

547 षल गतौ। go, slither, tremble

1c 547 षलँ । सल् । सलति । P । सेट् । स०

548 दल विशरणे। burst open, crack, cleave

1c 548 दलँ । दल् । दलति । P । सेट् । अ०

549 श्वल (आशुगमने)। walk fast, hurry, jog

1c 549 श्वलँ । श्वल् । श्वलति । P । सेट् । अ०

550 श्वल्ल आशुगमने। walk fast, hurry

1c 550 श्वल्लँ । श्वल्ल् । श्वल्लति । P । सेट् । अ०

551 खोलृ (गतिप्रतिघाते)। limp

1c 551 खोलृँ । खोल् । खोलति । P । सेट् । अ०

552 खोर्ऋ गतिप्रतिघाते। limp

1c 552 खोर्ऋँ । खोर् । खोरति । P । सेट् । अ०

553 धोर्ऋ गतिचातुर्ये। walk properly, be alert

1c 553 धोर्ऋँ । धोर् । धोरति । P । सेट् । अ०

554 त्सर छद्मगतौ । sneak in, creep in

1c 554 त्सरँ । त्सर् । त्सरति । P । सेट् । अ०

555 क्मर हूर्च्छने । be crooked in mind or body

1c 555 क्मरँ । क्मर् । क्मरति । P । सेट् । अ०

556 अभ्र (गत्यर्थाः) । go, wander

1c 556 अभ्रँ । अभ्र् । अभ्रति । P । सेट् । स०

557 वभ्र (गत्यर्थाः) । go, move, change places

1c 557 वभ्रँ । वभ्र् । वभ्रति । P । सेट् । स०

558 मभ्र (गत्यर्थाः) । go, move

1c 558 मभ्रँ । मभ्र् । मभ्रति । P । सेट् । स०

559 चर गत्यर्थाः । चरतिः भक्षणे अपि । move, go, graze, practise, behave

1c 559 चरँ । चर् । चरति । P । सेट् । स०

560 ष्ठिवु निरसने । उदात्तः उदात्तेतः । 8.2.77 हलि च इति दीर्घः । spit, eject saliva, spatter

1c 560 ष्ठिवुँ । ष्ठिव् । ष्ठीवति । P । सेट् । अ०

561 जि जये । conquer, defeat, subjugate

1c 561 जि॒ । जि । जयति । P । अनिट् । अ०

562 जीव प्राणधारणे । live, be alive

1c 562 जीवँ । जीव् । जीवति । P । सेट् । अ०

563 पीव (स्थौल्ये) । be fat

1c 563 पीवँ । पीव् । पीवति । P । सेट् । अ०

564 मीव (स्थौल्ये) । go, move, be fat

1c 564 मीवँ । मीव् । मीवति । P । सेट् । अ०

565 तीव (स्थौल्ये) । be fat

1c 565 तीवँ । तीव् । तीवति । P । सेट् । अ०

566 णीव स्थौल्ये । be fat

1c 566 णीवँ । नीव् । नीवति । P । सेट् । अ०

567 क्षीवु (निरसने) । spit, vomit

1c 567 क्षीवुँ । क्षीव् । क्षीवति । P । सेट् । स०

568 क्षेवु निरसने । spit, vomit

1c 568 क्षेवुँ । क्षेव् । क्षेवति । P । सेट् । स०

अथ अष्टौ धातवः मध्ये उपधा रेफः च रेफस्य पूर्व उकार ।
8.2.78 **उपधायां च । इति इकः दीर्घः ।**

569 उर्वी (हिंसायाम्)। cause hurt, torture

1c 569 उर्वीँ । उर्व् । ऊर्वति । P । सेट् । स०

570 तुर्वी (हिंसायाम्) । hurt, overpower, be better

1c 570 तुर्वीँ । तुर्व् । तूर्वति । P । सेट् । स०

571 थुर्वी (हिंसायाम्) । hurt, injure

1c 571 थुर्वीँ । थुर्व् । थूर्वति । P । सेट् । स०

572 दुर्वी (हिंसायाम्) । hurt, overpower, be better

1c 572 दुर्वीँ । दुर्व् । दूर्वति । P । सेट् । स०

573 धुर्वी हिंसार्थाः । kill, torture

1c 573 धुर्वीँ । धुर्व् । धूर्वति । P । सेट् । स०

574 गुर्वी उद्यमने । make effort,work hard

1c 574 गुर्वीँ । गुर्व् । गूर्वति । P । सेट् । अ०

575 मुर्वी बन्धने । bind, stop

1c 575 मुर्वीँ । मुर्व् । मूर्वति । P । सेट् । स०

576 पुर्व (पूरणे) । complete, fill

1c 576 पुर्वँ । पुर्व् । पूर्वति । P । सेट् । स०

वृत् । (8.2.78 उपधायां च) गतः ।

577 पर्व (पूरणे) । fill

1c 577 पर्वँ । पर्व् । पर्वति । P । सेट् । अ०

578 मर्व पूरणे । go, move, fill

1c 578 मर्वँ । मर्व् । मर्वति । P । सेट् । स०

579 चर्व अदने । eat, chew, bite, relish

1c 579 चर्वँ । चर्व् । चर्वति । P । सेट् । स०

580 भर्व हिंसायाम् । be violent

1c 580 भर्वँ । भर्व् । भर्वति । P । सेट् । स०

581 कर्व (दर्पे) । be proud, boast

1c 581 कर्वँ । कर्व् । कर्वति । P । सेट् । अ०

582 खर्व (दर्पे) । be proud, be obstinate

1c 582 खर्वँ । खर्व् । खर्वति । P । सेट् । अ०

583 गर्व दर्पे । be proud, be haughty

1c 583 गर्वँ । गर्व् । गर्वति । P । सेट् । अ०

584 अर्व (हिंसायाम्) । cause hurt

1c 584 अर्वँ । अर्व् । अर्वति । P । सेट् । स०

585 शर्व (हिंसायाम्) । injure, kill
  1c 585 शर्वँ । शर्व् । शर्वति । P । सेट् । स०

586 षर्व हिंसायाम् । go, hurt, oppress
  1c 586 षर्वँ । सर्व् । सर्वति । P । सेट् । स०

587 इवि व्याप्तौ । pervade
  1c 587 इविँ । इन्व् । इन्वति । P । सेट् । स०

588 पिवि (सेचने) । serve, sprinkle holy water, wet
  1c 588 पिविँ । पिन्व् । पिन्वति । P । सेट् । स०

589 मिवि (सेचने) । sprinkle, moisten, honour
  1c 589 मिविँ । मिन्व् । मिन्वति । P । सेट् । स०

590 णिवि सेचने । षिवि इत्येके । सेवने इति तरङ्गिण्याम् ।wet, attend
  1c 590 णिविँ । निन्व् । निन्वति । P । सेट् । स०

591 हिवि (प्रीणने) । satisfy, be calm
  1c 591 हिविँ । हिन्व् । हिन्वति । P । सेट् । स०

592 दिवि (प्रीणने) । be happy, be glad, make happy
  1c 592 दिविँ । दिन्व् । दिन्वति । P । सेट् । स०

593 धिवि (प्रीणने) ।3.1.80 धिन्विकृण्व्योर च । उ विकरणः शपि ।
satisfy, nourish, delight
  1c 593 धिविँ । धिन्व् । धिनोति । P । सेट् । स०

594 जिवि प्रीणनार्थाः । satisfy, please, release, set free
  1c 594 जिविँ । जिन्व् । जिन्वति । P । सेट् । स०

595 रिवि (गत्यर्थाः) । 8.4.1 रषाभ्यां नो णः समानपदे । go
  1c 595 रिविँ । रिन्व् । रिण्वति । P । सेट् । स०

596 रवि (गत्यर्थाः) । move

1c 596 रविँ । रन्व् । रण्वति । P । सेट् । स०

597 धवि गत्यर्थाः । move, replace

1c 597 धविँ । धन्व् । धन्वति । P । सेट् । स०

598 कृवि हिंसाकरणयोश्च । 3.1.80 धिन्विकृण्व्योर च । उ विकरणः । hurt, cut to pieces, be sorry

1c 598 कृविँ । कृन्व् । कृणोति । P । सेट् । स०

599 मव बन्धने । bind, check

1c 599 मवँ । मव् । मवति । P । सेट् । स०

600 अव रक्षणगतिकान्तिप्रीतितृप्त्यवगमप्रवेशश्रवण-स्वाम्यर्थयाचनक्रियेच्छादीप्त्यवाप्त्यालिङ्गनहिंसा-दानभागवृद्धिषु । protect, evolve, love, please, satisfy, like

1c 600 अवँ । अव् । अवति । P । सेट् । स०

मव्यादयः उदात्ताः उदात्तेतः परस्मैभाषाः । जिः तु अनुदात्तः ।

601 धावु गतिशुद्ध्योः । उदात्तः स्वरितेत् उभयतोभाषः ॥ run

1c 601 धावुँ । धाव् । धावति/ते । U । सेट् । स०

अथ उष्मान्ताः आत्मनेपदिनः द्विपञ्चाशत् ।

602 धुक्ष (सन्दीपनक्लेशनजीवनेषु) । kindle,live,be harassed, tire

1c 602 धुक्षँ । धुक्ष् । धुक्षते । A । सेट् । स०

603 धिक्ष सन्दीपनक्लेशनजीवनेषु । kindle, live, be harassed, tire

1c 603 धिक्षँ । धिक्ष् । धिक्षते । A । सेट् । स०

604 वृक्ष वरणे । accept, select, cover

1c 604 वृक्षँ । वृक्ष् । वृक्षते । A । सेट् । स०

605 शिक्ष विद्योपादाने । learn, practise, teach

1c 605 शिक्षँ । शिक्ष् । शिक्षते । A । सेट् । स०

606 भिक्ष भिक्षायाम् अलाभे लाभे च । beg, obtain

1c 606 भिक्षँ । भिक्ष् । भिक्षते । A । सेट् । स०

607 क्लेश अव्यक्तायां वाचि । बाधने इति दुर्गः । speak inarticulately, torture, be rude

1c 607 क्लेशँ । क्लेश् । क्लेशते । A । सेट् । स०

608 दक्ष वृद्धौ शीघ्रार्थे च । be rich, work quickly, be able

1c 608 दक्षँ । दक्ष् । दक्षते । A । सेट् । अ०

609 दीक्ष मौण्ड्येज्योपनयननियमव्रतादेशेषु । give diksha

1c 609 दीक्षँ । दीक्ष् । दीक्षते । A । सेट् । अ०

610 ईक्ष दर्शने । see, perceive

1c 610 ईक्षँ । ईक्ष् । ईक्षते । A । सेट् । स०

611 ईष गतिहिंसादर्शनेषु । go, kill, see, fly away, give

1c 611 ईषँ । ईष् । ईषते । A । सेट् । स०

612 भाष व्यक्तायां वाचि । speak

1c 612 भाषँ । भाष् । भाषते । A । सेट् । स०

613 वर्ष स्नेहने । वृषु सेचन इत्यग्रे परस्मैपदी । be wet, be drenched

1c 613 वर्षँ । वर्ष् । वर्षते । A । सेट् । अ०

614 गेषृ अन्विच्छायाम् । ग्लेषृ इत्येके । seek, investigate, search

1c 614 गेषृँ । गेष् । गेषते । A । सेट् । स०

615 पेषृ प्रयत्ने । एषृ इत्येके । येषृ इत्यप्यन्ये । make one stay, strive diligently

1c 615 पेषृँ । पेष् । पेषते । A । सेट् । स०

616 जेषृ (गतौ) । go

1c 616 जेषृँ । जेष् । जेषते । A । सेट् । स०

617 णेषृ (गतौ) । go, reach

1c 617 णेषृँ । नेष् । नेषते । A । सेट् । स०

618 एषृ (गतौ) । try, go

1c 618 एषृँ । एष् । एषते । A । सेट् । स०

619 प्रेषृ गतौ । go, move, cast, throw

1c 619 प्रेषृँ । प्रेष् । प्रेषते । A । सेट् । स०

620 रेषृ (अव्यक्ते शब्दे) । utter indistinctly, snarl, neigh, howl, roar

1c 620 रेषृँ । रेष् । रेषते । A । सेट् । अ०

621 हेषृ (अव्यक्ते शब्दे) । neigh, sound like horse

1c 621 हेषृँ । हेष् । हेषते । A । सेट् । अ०

622 ह्रेषृ अव्यक्ते शब्दे । neigh, sound like horse

1c 622 ह्रेषृँ । ह्रेष् । ह्रेषते । A । सेट् । अ०

623 कासृ शब्दकुत्सायाम् । cough

1c 623 कासृँ । कास् । कासते । A । सेट् । अ०

624 भासृ दीप्तौ । shine, be bright

1c 624 भासृँ । भास् । भासते । A । सेट् । अ०

625 णासृ (शब्दे) । sound

1c 625 णासृँ । नास् । नासते । A । सेट् । अ०

626   रासृ शब्दे । cry, scream, make sounds

    1c 626   रासृँ । रास् । रासते । A । सेट् । अ०

627   णस कौटिल्ये । be crooked, be fraudulent

    1c 627   णसँ । नस् । नसते । A । सेट् । अ०

628   भ्यस भये । be afraid

    1c 628   भ्यसँ । भ्यस् । भ्यसते । A । सेट् । अ०

629   आङः शसि इच्छायाम् । desire

    1c 629   आङः शसिँ । आशंस् । आशंसते । A । सेट् । स०

630   ग्रसु (अदने) । swallow, eat, devour, consume

    1c 630   ग्रसुँ । ग्रस् । ग्रसते । A । सेट् । स०

631   ग्लसु अदने । eat, digest, devour

    1c 631   ग्लसुँ । ग्लस् । ग्लसते । A । सेट् । स०

632   ईह चेष्टायाम् । desire, aim, endeavour

    1c 632   ईहँ । ईह् । ईहते । A । सेट् । अ०

633   बहि (वृद्धौ) । grow, prosper

    1c 633   बहिँ । बंह् । बंहते । A । सेट् । अ०

634   महि वृद्धौ । वहि इत्येके । grow

    1c 634   महिँ । मंह् । मंहते । A । सेट् । अ०

635   अहि गतौ । go

    1c 635   अहिँ । अंह् । अंहते । A । सेट् । स०

636   गर्ह (कुत्सायाम्) । blame, criticize, accuse, reproach

    1c 636   गर्हँ । गर्ह् । गर्हते । A । सेट् । स०

637 गल्ह कुत्सायाम् । blame, accuse

1c 637 गल्हँ॒ । गल्ह् । गल्हते । A । सेट् । स०

638 बर्ह (प्राधान्ये) । be the best, shine

1c 638 बर्हँ॒ । बर्ह् । बर्हते । A । सेट् । स०

639 बल्ह प्राधान्ये । be the best, shine

1c 639 बल्हँ॒ । बल्ह् । बल्हते । A । सेट् । स०

640 वर्ह (परिभाषणहिंसाच्छादनेषु) । tell, say, injure, cover

1c 640 वर्हँ॒ । वर्ह् । वर्हते । A । सेट् । स०

641 वल्ह परिभाषणहिंसाच्छादनेषु । speak, hurt, cover

1c 641 वल्हँ॒ । वल्ह् । वल्हते । A । सेट् । स०

642 प्लिह गतौ । go, move

1c 642 प्लिहँ॒ । प्लिह् । प्लेहते । A । सेट् । स०

643 वेह्र (प्रयत्ने) ।बेह्र केचित् । try, make commitment, make one stay

1c 643 वेहृँ॒ । वेह् । वेहते । A । सेट् । अ०

644 जेह्र (प्रयत्ने) ।गतौ च । attempt with curiosity, go

1c 644 जेहृँ॒ । जेह् । जेहते । A । सेट् । अ०

645 वाह्र प्रयत्ने ।बाह्र केचित् ।जेह्र गतावपि । make effort, stay

1c 645 वाहृँ॒ । वाह् । वाहते । A । सेट् । अ०

646 द्राह्र निद्राक्षये ।निक्षेप इत्येके । awaken, mortgage

1c 646 द्राहृँ॒ । द्राह् । द्राहते । A । सेट् । अ०

647 काशृ दीप्तौ । shine, be brilliant

1c 647 काशृँ॒ । काश् । काशते । A । सेट् । अ०

648 ऊह वितर्के । conjecture, reason

1c 648 ऊहँ । ऊह् । ऊहते । A । सेट् । स०

649 गाहू विलोडने । dive, stir, penetrate, plunge, disclose

1c 649 गाहूँ । गाह् । गाहते । A । वेट् । स०

650 गृहू ग्रहणे । seize, take

1c 650 गृहूँ । गृह् । गर्हते । A । वेट् । स०

651 ग्लह च । ग्लहू इति क्षीरस्वामी । take, receive, gamble, win in gambling

1c 651 ग्लहँ । ग्लह् । ग्लहते । A । सेट् । स०

652 घुषि कान्तिकरणे । घष इति केचित् । clean, sweep, brighten

1c 652 घुषिँ । घुंष् । घुंषते । A । सेट् । स०

घुक्षादयः उदात्ताः अनुदात्तेतः आत्मनेभाषाः । गृहिः तु वेट् ।
अथ अर्हत्यन्ताः परस्मैपदिनः एकनवतिः ।

653 घुषिर् अविशब्दने । शब्दः इति अन्ये पेठुः । proclaim, act secretly

1c 653 घुषिँर् । घुष् । घोषति । P । सेट् । स०

654 अक्षू व्याप्तौ । 3.1.75 अक्षोऽन्यतरस्याम् इति वा श्नु । reach, accumulate, pervade

1c 654 अक्षूँ । अक्ष् । अक्षति, अक्ष्णोति । P । वेट् । स०

655 तक्षू (तनूकरणे) । 3.1.76 तनूकरणे तक्षः इति वा श्नु । chop, slice, split

1c 655 तक्षूँ । तक्ष् । तक्षति, तक्ष्णोति । P । वेट् । स०

656 त्वक्षू तनूकरणे । trim, pare, peel

1c 656 त्वक्षूँ । त्वक्ष् । त्वक्षति । P । वेट् । स०

657 उक्ष सेचने । sprinkle, make wet, consecrate
  1c 657 उक्षँ । उक्ष् । उक्षति । P । सेट् । स०

658 रक्ष पालने । protect, guide, follow the law
  1c 658 रक्षँ । रक्ष् । रक्षति । P । सेट् । स०

659 णिक्ष चुम्बने । kiss
  1c 659 णिक्षँ । निक्ष् । निक्षति । P । सेट् । स०

660 त्रक्ष (गतौ) । move
  1c 660 त्रक्षँ । त्रक्ष् । त्रक्षति । P । सेट् । स०

661 ष्ट्रक्ष (गतौ) । तृक्ष ष्टृक्ष । go
  1c 661 ष्ट्रक्षँ । स्त्रक्ष् । स्त्रक्षति । P । सेट् । स०

662 णक्ष गतौ । come near, approach
  1c 662 णक्षँ । नक्ष् । नक्षति । P । सेट् । स०

663 वक्ष रोषे । सङ्घाते इत्येके । be angry, collect, accumulate
  1c 663 वक्षँ । वक्ष् । वक्षति । P । सेट् । अ०

664 मृक्ष सङ्घाते । म्रक्ष इत्येके । gather, accumulate
  1c 664 मृक्षँ । मृक्ष् । मृक्षति । P । सेट् । अ०

665 तक्ष त्वचने । पक्ष परिग्रहे इत्येके । cover
  1c 665 तक्षँ । तक्ष् । तक्षति । P । सेट् । स०

666 सूर्क्ष आदरे । षूर्क्ष इति केचित् । respect, disrespect
  1c 666 सूर्क्षँ । सूर्क्ष् । सूर्क्षति । P । सेट् । स०

667 काक्षि (काङ्क्षायाम्) । desire, wish
  1c 667 काक्षिँ । काङ्क्ष् । काङ्क्षति । P । सेट् । स०

668 वाक्षि (काङ्क्षायाम्) । wish, desire

1c 668 वाक्षिँ । वाङ्क्ष् । वाङ्क्षति । P । सेट् । स०

669 माक्षि काङ्क्षायाम् । desire

1c 669 माक्षिँ । माङ्क्ष् । माङ्क्षति । P । सेट् । स०

670 द्राक्षि (घोरवासिते च) । croak, caw, desire

1c 670 द्राक्षिँ । द्राङ्क्ष् । द्राङ्क्षति । P । सेट् । अ०

671 ध्राक्षि (घोरवासिते च) । croak, caw, desire

1c 671 ध्राक्षिँ । ध्राङ्क्ष् । ध्राङ्क्षति । P । सेट् । अ०

672 ध्वाक्षि घोरवासिते च । काङ्क्षायाम् च । croak, caw, desire

1c 672 ध्वाक्षिँ । ध्वाङ्क्ष् । ध्वाङ्क्षति । P । सेट् । अ०

673 चूष पाने । drink, suck in, suck out

1c 673 चूषँ । चूष् । चूषति । P । सेट् । स०

674 तूष तुष्टौ । satisfy, be satisfied

1c 674 तूषँ । तूष् । तूषति । P । सेट् । अ०

675 पूष वृद्धौ । grow, nourish, upbring

1c 675 पूषँ । पूष् । पूषति । P । सेट् । अ०

676 मूष स्तेये । steal, rob

1c 676 मूषँ । मूष् । मूषति । P । सेट् । स०

677 लूष (भूषायाम्) । decorate, makeup, ornate

1c 677 लूषँ । लूष् । लूषति । P । सेट् । स०

678 रूष भूषायाम् । adorn, smear, anoint, overdo makeup

1c 678 रूषँ । रूष् । रूषति । P । सेट् । स०

679 शूष प्रसवे । give birth, bring forth

1c 679 शूषँ । शूष् । शूषति । P । सेट् । स०

680 यूष हिंसायाम् । hurt, injure

1c 680 यूषँ । यूष् । यूषति । P । सेट् । स०

681 जूष च । हिंसायाम् च । hurt, injure

1c 681 जूषँ । जूष् । जूषति । P । सेट् । स०

682 भूष अलङ्कारे । adorn, decorate

1c 682 भूषँ । भूष् । भूषति । P । सेट् । स०

683 ऊष रुजायाम् । be diseased, disordered

1c 683 ऊषँ । ऊष् । ऊषति । P । सेट् । स०

684 ईष उञ्छे । glean

1c 684 ईषँ । ईष् । ईषति । P । सेट् । स०

685 कष (हिंसायाम्) । kill, cause pain, check gold's authencity by rubbing

1c 685 कषँ । कष् । कषति । P । सेट् । स०

686 खष (हिंसायाम्) । kill, torture

1c 686 खषँ । खष् । खषति । P । सेट् । स०

687 शिष (हिंसायाम्) । hurt, injure

1c 687 शि॒षँ । शिष् । शेषति । P । अनिट् । स०

688 जष (हिंसायाम्) । injure, hurt

1c 688 जषँ । जष् । जषति । P । सेट् । स०

689 झष (हिंसायाम्) । injure, wound

1c 689 झषँ । झष् । झषति । P । सेट् । स०

690   शष (हिंसायाम्) । hurt, injure
   1c 690   शषँ । शष् । शषति । P । सेट् । स०

691   वष (हिंसायाम्) । hurt, harm, injure
   1c 691   वषँ । वष् । वषति । P । सेट् । स०

692   मष (हिंसायाम्) । hurt, injure, destroy
   1c 692   मषँ । मष् । मषति । P । सेट् । स०

693   रुष (हिंसायाम्) । injure
   1c 693   रुषँ । रुष् । रोषति । P । सेट् । स०

694   रिष हिंसार्थाः । injure, harm, hurt
   1c 694   रिषँ । रिष् । रेषति । P । सेट् । स०

695   भष भर्त्सने । bark
   1c 695   भषँ । भष् । भषति । P । सेट् । अ०

696   उष दाहे । burn, punish
   1c 696   उषँ । उष् । ओषति । P । सेट् । स०

697   जिषु (सेचने) । serve, irrigate, water
   1c 697   जिषुँ । जिष् । जेषति । P । सेट् । स०

698   विषु (सेचने) । sprinkle, pour
   1c 698   विषुँ । विष् । वेषति । P । सेट् । स०

699   मिषु सेचने । wet, sprinkle
   1c 699   मिषुँ । मिष् । मेषति । P । सेट् । स०

700   पुष पुष्टौ । nourish, foster
   1c 700   पुषँ । पुष् । पोषति । P । सेट् । स०

701 श्रिषु (दाहे) । burn

1c 701 श्रिषुँ । श्रिष् । श्रेषति । P । सेट् । स०

702 श्लिषु (दाहे) । burn

1c 702 श्लिषुँ । श्लिष् । श्लेषति । P । सेट् । स०

703 प्रुषु (दाहे) । burn, consume

1c 703 प्रुषुँ । प्रुष् । प्रोषति । P । सेट् । स०

704 प्लुषु दाहे । burn, scorch

1c 704 प्लुषुँ । प्लुष् । प्लोषति । P । सेट् । स०

705 पृषु (सेचने) । trouble, sprinkle, bear hurt

1c 705 पृषुँ । पृष् । पर्षति । P । सेट् । स०

706 वृषु (सेचने) । shower, rain, pour

1c 706 वृषुँ । वृष् । वर्षति । P । सेट् । स०

707 मृषु सेचने । मृषु सहने च । इतरौ हिंसासंक्लेशनयोश्च । sprinkle holy water, moisten

1c 707 मृषुँ । मृष् । मर्षति । P । सेट् । स०

708 घृषु सङ्घर्षे । grind, pound, rub

1c 708 घृषुँ । घृष् । घर्षति । P । सेट् । स०

709 हृषु अलीके । lie, speak untruth

1c 709 हृषुँ । हृष् । हर्षति । P । सेट् । अ०

710 तुस (शब्दे) । sound

1c 710 तुसँ । तुस् । तोसति । P । सेट् । अ०

711 ह्रस (शब्दे) । sound, hail, be short

1c 711 ह्रसँ । ह्रस् । ह्रसति । P । सेट् । अ०

712 ह्लस (शब्दे) । sound, be noisy

1c 712 ह्लसँ । ह्लस् । ह्लसति । P । सेट् । अ०

713 रस शब्दे । cry, shout, wail, praise

1c 713 रसँ । रस् । रसति । P । सेट् । अ०

714 लस श्लेषणक्रीडनयोः । cling, romance, copulate, shine, glitter

1c 714 लसँ । लस् । लसति । P । सेट् । अ०

715 घसॢ अदने । लिटि आ०लिङि च प्रयोगे नास्ति । eat, devour

1c 715 घसॢँ । घस् । घसति । P । अनिट् । स०

716 जर्ज (परिभाषणहिंसातर्जनेषु) । say,backbite,accuse, reprimand

1c 716 जर्जँ । जर्ज् । जर्जति । P । सेट् । स०

717 चर्च (परिभाषण-हिंसा-तर्जनेषु) । speak, discuss, consider, threaten, censure

1c 717 चर्चँ । चर्च् । चर्चति । P । सेट् । स०

718 झर्झ परिभाषणहिंसातर्जनेषु । utter, say, blame, badmouth, injure

1c 718 झर्झँ । झर्झ् । झर्झति । P । सेट् । स०

719 पिसृ (गतौ) । go, move

1c 719 पिसृँ । पिस् । पेसति । P । सेट् । स०

720 पेसृ गतौ । go

1c 720 पेसृँ । पेस् । पेसति । P । सेट् । स०

721 हसे हसने । laugh, smile

1c 721 हसेँ । हस् । हसति । P । सेट् । अ०

722   णिश समाधौ । समाधिः चित्तवृत्तिनिरोधः । think over, meditate upon

   1c 722   णिशँ । निश् । नेशति । P । सेट् । अ०

723   मिश (शब्दे रोषकृते च) । make a sound, be furious

   1c 723   मिशँ । मिश् । मेशति । P । सेट् । अ०

724   मश शब्दे रोषकृते च । sound, hum, buzz, be angry

   1c 724   मशँ । मश् । मशति । P । सेट् । अ०

725   शव गतौ । go, come near, roam, alter

   1c 725   शवँ । शव् । शवति । P । सेट् । स०

726   शश प्लुतगतौ । leap, hop, skip

   1c 726   शशँ । शश् । शशति । P । सेट् । अ०

727   शसु हिंसायाम् । cut down, mow down, slay

   1c 727   शसुँ । शस् । शसति । P । सेट् । स०

728   शंसु स्तुतौ । दुर्गताविति दुर्गः । praise, comment

   1c 728   शंसुँ । शंस् । शंसति । P । सेट् । स०

729   चह परिकल्कने । deceive, be wicked, be proud

   1c 729   चहँ । चह् । चहति । P । सेट् । अ०

730   मह पूजायाम् । honour, respect

   1c 730   महँ । मह् । महति । P । सेट् । स०

731   रह त्यागे । give up, split, leave, delegate, refuse

   1c 731   रहँ । रह् । रहति । P । सेट् । स०

732   रहि गतौ । run, move speedily

   1c 732   रहिँ । रंह् । रंहति । P । सेट् । स०

733   दृह (वृद्धौ) । grow, prosper, be firm, be fixed

1c 733   दृहँ । दृह् । दर्हति । P । सेट् । अ०

734   दृहि (वृद्धौ) । grow, prosper, be firm, be fixed

1c 734   दृहिँ । दृंह् । दृंहति । P । सेट् । अ०

735   बृह (वृद्धौ) । grow, increase, expand

1c 735   बृहँ । बृह् । बर्हति । P । सेट् । अ०

736   बृहि वृद्धौ । बृहि शब्दे च । बृहिर् चेत्येके । grow, prosper, sound like elephant

1c 736   बृहिँ । बृंह् । बृंहति । P । सेट् । अ०

737   तुहिर् (अर्दने) । hurt, cause pain

1c 737   तुहिँर् । तुह् । तोहति । P । सेट् । स०

738   दुहिर् (अर्दने) । hurt, cause pain

1c 738   दुहिँर् । दुह् । दोहति । P । सेट् । स०

739   उहिर् अर्दने । hurt, kill

1c 739   उहिँर् । उह् । ओहति । P । सेट् । स०

740   अर्ह पूजायाम् । deserve, be fit for worship, worship

1c 740   अर्हँ । अर्ह् । अर्हति । P । सेट् । स०

घुषिरादयः उदात्ताः उदात्तेतः परस्मैभाषाः । घसिः तु अनुदात्तः ।
अथ कृपूपर्यन्ताः आत्मनेपदिनः षड्विंशतिः ।
अथ द्युतादि अन्तर्गणः ।

741   द्युत दीप्तौ । shine

1c 741   द्युतँ । द्युत् । द्योतते । A । सेट् । अ०

742   श्विता वर्णे । whitewash, whiten

1c 742   श्विताँ । श्वित् । श्वेतते । A । सेट् । अ०

76

743 ञिमिदा स्नेहने । melt, love, be affectionate, apply oil
  1c 743 ञिमिदाँ । मिद् । मेदते । A । सेट् । अ०

744 ञिष्विदा स्नेहनमोचनयोः । मोहनयोरित्येके । ञिक्ष्विदा चेत्येके ।
  sweat, give up
  1c 744 ञिष्विदाँ । स्विद् । स्वेदते । A । सेट् । अ०

745 रुच दीप्तावभिप्रीतौ च । be pleased, be fond of, be
  beautiful, shine
  1c 745 रुचँ । रुच् । रोचते । A । सेट् । अ०

746 घुट परिवर्तने । come back, return back, barter, exchange
  1c 746 घुटँ । घुट् । घोटते । A । सेट् । स०

747 रुट (प्रतीघाते) । fall down, fall flat
  1c 747 रुटँ । रुट् । रोटते । A । सेट् । स०

748 लुट (प्रतीघाते) । resist, repel, oppose, push
  1c 748 लुटँ । लुट् । लोटते । A । सेट् । स०

749 लुठ प्रतीघाते । resist, repel, oppose, push
  1c 749 लुठँ । लुठ् । लोठते । A । सेट् । स०

750 शुभ दीप्तौ । shine, be bright, be splendid
  1c 750 शुभँ । शुभ् । शोभते । A । सेट् । अ०

751 क्षुभ सञ्चलने । tremble, be agitated
  1c 751 क्षुभँ । क्षुभ् । क्षोभते । A । सेट् । अ०

752 णभ (हिंसायाम्) । hurt, destroy
  1c 752 णभँ । नभ् । नभते । A । सेट् । स०

753 तुभ हिंसायाम् । आद्योऽभावेऽपि । hurt, cause pain

1c 753 तुभँ । तुभ् । तोभते । A । सेट् । स०

754 स्रंसु (अवस्रंसने) । fall, drop, slip

1c 754 स्रंसुँ । स्रंस् । स्रंसते । A । सेट् । अ०

755 ध्वंसु (अवस्रंसने) । गतौ च । be destroyed

1c 755 ध्वंसुँ । ध्वंस् । ध्वंसते । A । सेट् । अ०

756 भ्रंसु अवस्रंसने । ध्वंसु गतौ च । भ्रंशु इत्यपि केचित् । तृतीय एव तालव्यान्त इत्यन्ये । fall, drop

1c 756 भ्रंसुँ । भ्रंस् । भ्रंसते । A । सेट् । अ०

757 स्रम्भु विश्वासे । स्रन्हु इत्येके । trust, bank upon, confide, be secure

1c 757 स्रम्भुँ । स्रम्भ् । स्रम्भते । A । सेट् । अ०

वृतादि अन्तर्गणः आरम्भः । 1.3.92 वृद्भ्यः **स्यसनोः । परस्मैपदं वा ।**

758 वृतु वर्तने । be, exist, abide, be solitary

1c 758 वृतुँ । वृत् । वर्तते । A । सेट् । अ०

759 वृधु वृद्धौ । increase, thrive, prosper

1c 759 वृधुँ । वृध् । वर्धते । A । सेट् । अ०

760 शृधु शब्दकुत्सायाम् । belch, burp, pass wind

1c 760 शृधुँ । शृध् । शर्धते । A । सेट् । अ०

761 स्यन्दू प्रस्रवणे । ooze, trickle, wet

1c 761 स्यन्दूँ । स्यन्द् । स्यन्दते । A । वेट् । अ०

762 कृपू सामर्थ्ये । 8.2.18 कृपो रो लः । be able, be fit for, accomplish

1c 762 कृपूँ । कृप् । कल्पते । A । वेट् । अ०

द्युतादयः उदात्ताः अनुदात्तेतः आत्मनेभाषाः ।

वृत् । वृतादयः गताः । द्युतादयः गताः ।

घटादि अन्तर्गणः आरम्भः । घटादयः मितः । 6.4.92 मितां ह्रस्वः ।

घटादयः षितः । 3.3.104 षिद्भिदादिभ्योऽङ् । इति स्त्रियाम् ।

अथ त्वरत्यन्ताः त्रयोदश आत्मनेपदिनः षितः च ।

763 घट चेष्टायाम् । घटादयः फणान्ताः मितः । endeavour, strive for, happen, be possible

1c 763 घटँ । घट् । घटते, घटयति । A । सेट् । अ०

764 व्यथ भयसञ्चलनयोः । be sorrowful, be sad

1c 764 व्यथँ । व्यथ् । व्यथते, व्यथयति । A । सेट् । अ०

765 प्रथ प्रख्याने । be famous, extend, spread

1c 765 प्रथँ । प्रथ् । प्रथते, प्रथयति । A । सेट् । अ०

766 प्रस विस्तारे । extend, spread

1c 766 प्रसँ । प्रस् । प्रसते, प्रसयति । A । सेट् । अ०

767 म्रद मर्दने । pound, smoothen

1c 767 म्रदँ । म्रद् । म्रदते, म्रदयति । A । सेट् । स०

768 स्खद स्खदने । win, conquer, defeat

1c 768 स्खदँ । स्खद् । स्खदते, स्खदयति । A । सेट् । स०

769 क्षजि गतिदानयोः । move, give, slip, donate

1c 769 क्षजिँ । क्षञ्ज् । क्षञ्जते, क्षञ्जयति । A । सेट् । स०

770 दक्ष गतिहिंसनयोः । गतिशासनयोः । go, kill

1c 770 दक्षँ । दक्ष् । दक्षते,दक्षयति । A । सेट् । स०

771 क्रप कृपायां गतौ च । pity, go

1c 771 क्रपँ । क्रप् । क्रपते,क्रपयति । A । सेट् । स०

772   कदि (वैक्लब्ये) । grieve, be scared

  1c 772   कदिँ । कन्द् । कन्दते, कन्दयति । A । सेट् । अ०

773   क्रदि (वैक्लब्ये) । grieve, call, shriek

  1c 773   क्रदिँ । क्रन्द् । क्रन्दते, क्रन्दयति । A । सेट् । अ०

774   क्लदि वैक्लब्ये । वैकल्ये इत्येके । त्रयोऽप्यनिदित कद , क्रद ,
        क्लद इति नन्दि । इदित इति स्वामी । कदि क्रदि इदितौ, क्रद क्लद
        इति च अनिदितौ इति मैत्रेयः । be sad, perturbed, confused

  1c 774   क्लदिँ । क्लन्द् । क्लन्दते, क्लन्दयति । A । सेट् । अ०

775   ञित्वरा सम्भ्रमे । hasten

  1c 775   ञित्वराँ । त्वर् । त्वरते, त्वरयति । A । सेट् । अ०

वृत् । घटादयः षितः गताः । उदात्ताः अनुदात्तेतः आत्मनेभाषाः ।
अथ फणान्ताः परस्मैपदिनः ।

776   ज्वर रोगे । be feverish, fall ill, be diseased

  1c 776   ज्वरँ । ज्वर् । ज्वरति, ज्वरयति । P । सेट् । अ०

777   गड सेचने । distill, draw out a liquid

  1c 777   गडँ । गड् । गडति, गडयति । P । सेट् । स०

778   हेड वेष्टने । surround, enclose

  1c 778   हेडँ । हेड् । हेडति, हिडयति । P । सेट् । स०

779   वट (परिभाषणे) । utter filthy, speak nonsense

  1c 779   वटँ । वट् । वटति, वटयति । P । सेट् । स०

780   भट परिभाषणे । speak, argue, debate

  1c 780   भटँ । भट् । भटति, भटयति । P । सेट् । स०

781   णट नृत्तौ । नतावित्येके । गतावित्यन्ये । dance

  1c 781   णटँ । नट् । नटति, नटयति । P । सेट् । अ०

782 ष्टक प्रतिघाते। resist, defend, strike

1c 782 ष्टकँ । स्तक् । स्तकति, स्तकयति । P । सेट् । स०

783 चक तृप्तौ। be satisfied, be satiated, resist

1c 783 चकँ । चक् । चकति, चकयति । P । सेट् । अ०

784 कखे हसने। laugh

1c 784 कखेँ । कख् । कखति, कखयति । P । सेट् । अ०

785 रगे शङ्कायाम्। suspect

1c 785 रगेँ । रग् । रगति, रगयति । P । सेट् । स०

786 लगे सङ्गे। unite, meet, touch, contact

1c 786 लगेँ । लग् । लगति, लगयति । P । सेट् । अ०

787 ह्रगे (संवरणे)। cover, wrap

1c 787 ह्रगेँ । ह्रग् । ह्रगति, ह्रगयति । P । सेट् । स०

788 ह्लगे (संवरणे)। cover, wrap, put lid

1c 788 ह्लगेँ । ह्लग् । ह्लगति, ह्लगयति । P । सेट् । स०

789 षगे (संवरणे)। ष्ठगे केचित्। cover, hide

1c 789 षगेँ । सग् । सगति, सगयति । P । सेट् । स०

790 ष्टगे संवरणे। ष्ठगे स्थगे केचित्। cover, hide

1c 790 ष्टगेँ । स्तग् । स्तगति, स्तगयति । P । सेट् । स०

791 कगे नोच्यते। अस्यायम् अर्थ इति नोच्यते इत्यर्थः। no special meaning, not spoken

1c 791 कगेँ । कग् । कगति, कगयति । P । सेट् । स०

792 अक (कुटिलायां गतौ)। go like a snake

1c 792 अकँ । अक् । अकति, अकयति । P । सेट् । स०

793 अग कुटिलायां गतौ । move distractedly
  1c 793 अगँ । अग् । अगति, अगयति । P । सेट् । स०

794 कण (गतौ) । go, be small
  1c 794 कणँ । कण् । कणति, कणयति । P । सेट् । स०

795 रण गतौ । sound, go
  1c 795 रणँ । रण् । रणति, रणयति । P । सेट् । स०

796 चण (दाने च) । donate, give, sound like infected gram
  1c 796 चणँ । चण् । चणति, चणयति । P । सेट् । स०

797 शण (दाने च) । give, go
  1c 797 शणँ । शण् । शणति, शणयति । P । सेट् । स०

798 श्रण दाने च । शण गतावित्यन्ये । go, give
  1c 798 श्रणँ । श्रण् । श्रणति, श्रणयति । P । सेट् । स०

799 श्रथ (हिंसायाम्) । श्नथ श्लथ इत्येके । hurt, injure
  1c 799 श्रथँ । श्रथ् । श्रथति, श्रथयति । P । सेट् । स०

800 क्नथ (हिंसायाम्) । hurt, wound
  1c 800 क्नथँ । क्नथ् । क्नथति,क्नथयति । P । सेट् । स०

801 क्रथ (हिंसायाम्) । cause hurt
  1c 801 क्रथँ । क्रथ् । क्रथति, क्रथयति । P । सेट् । स०

802 क्लथ हिंसार्थाः । hurt, kill, wander
  1c 802 क्लथँ । क्लथ् । क्लथति, क्लथयति । P । सेट् । स०

803 वन च । चन । वनु च नोच्यते । न केवलं कगे यावद् वनु च नोच्यते इति क्षीरस्वामी । hurt
  1c 803 वनँ । वन् । वनति,वनयति । P । सेट् । स०

804 ज्वल दीप्तौ। burn brightly, blaze, glow

1c 804 ज्वलँ । ज्वल् । ज्वलति, ज्वलयति/ ज्वालयति । P । सेट् । अ०

805 ह्वल (चलने)। go, tremble

1c 805 ह्वलँ । ह्वल् । ह्वलति, ह्वलयति/ ह्वालयति । P । सेट् । अ०

806 ह्मल चलने। tremble

1c 806 ह्मलँ । ह्मल् । ह्मलति, ह्मलयति/ ह्मालयति । P । सेट् । अ०

807 स्मृ आध्याने। remember, recall

1c 807 स्मृ । स्मृ । स्मरति, स्मरयति/ स्मारयति । P । अनिट् । स०

808 दॄ भये।अयं क्र्यादिगणः 9c ।मित्तवार्थ पाठः। break asunder। (See 1493. दॄ विदारणे)

1c 808 दॄ । दॄ । दरति, दरयति/ दारयति । P । सेट् । अ०

809 नॄ नये।अयं क्र्यादिगणः 9c ।मित्तवार्थ पाठः। take away, carry।(see 1495. नॄ नये)

1c 809 नॄ । नॄ । नरति, नरयति/ नारयति । P । सेट् । स०

810 श्रा पाके। cook, boil, perspire।(see 1053. श्रा पाके)

1c 810 श्रा । श्रा । श्राति, श्रपयति/ श्रापयति । P । अनिट् । स०

811 ज्ञा मारणतोषणनिशामनेषु।निशानेष्विति पाठान्तरम्। hit, please, sharpen।(see 1507. ज्ञा अवबोधने)

1c 811 ज्ञा । ज्ञा । ज्ञाति, ज्ञपयति/ ज्ञापयति । P । अनिट् । स०

812 चलिः कम्पने।मितां ह्रस्वः। shake, tremble, move।see 832. चल कम्पने।

1c 812 चलिँ । चल् । चलति, चलयति/ चालयति । P । सेट् । अ०

813 छदिर् ऊर्जने। be strong, make strong

1c 813 छदिँर् । छद् । छदयति, छादयति । P । सेट् । अ०

814 लडिः जिह्वोन्मथने । loll the tongue । (see 359. लड विलासे)

1c 814 लडिँ । लड् । लडयति, लाडयति । P । सेट् । अ०

815 मदी हर्षग्लेपनयोः । rejoice, be tired । (see 1208. मदी हर्षे)

1c 815 मदीँ । मद् । मदयति, मादयति । P । सेट् । अ०

816 ध्वन शब्दे । sound । (Same as root 828. ध्वन शब्दे)

1c 816 ध्वनँ । ध्वन् । ध्वनयति, ध्वानयति । P । सेट् । अ०

गणसूत्र = दलि-वलि-स्खलि-रणि-ध्वनि-त्रपि-क्षपयः च इति भोजः ।

817 स्वन अवतंसने । ग० सू० 187 घटादयः मितः । adorn, decorate । (Same as root 827. स्वन शब्दे)

1c 817 स्वनँ । स्वन् । स्वनयति, स्वानयति । P । सेट् । अ०

गणसूत्र 188 = जनी-जृष्-क्नसु-रञ्जो-ऽमन्ताश्च । मितः इति अनुवर्तते ।
गणसूत्र 189 = ज्वल-ह्वल-ह्मल-नमाम् अनुपसर्गात् वा । एषां मित्त्वं वा ।
गणसूत्र 190 = ग्ला-स्ना-वनु-वमां च। अनुपसर्गादेषां मित्त्वं वा स्यात् ।
गणसूत्र 191=न कमि-अमि-चमाम्।अमन्तत्वात् प्राप्तं मित्त्वमेषां न स्यात्।

818 शमो दर्शने । ग० सू० 192 शमोऽदर्शने मित् । be calm, complete, observe minutely । (Same as root 1201. शमु उपशमे)

1c 818 शमोँ । शम् । शमति, शमयति/ निशामयति । P । सेट् । स०

819 यमो ऽपरिवेषणे । serve food, lay the table ।
Same as root 984. यम उपरमे ।

1c 819 यमोँ । यम् । यमयति, आयामयति । P । सेट् । स०

820 स्खदिर् अवपरिभ्यां च । serve food, lay the table

1c 820 स्खदिँर् । स्खद् । स्खदयति, अवस्खादयति । P । सेट् । स०

अथ फणादि अन्तर्गणः । 6.4.125 फणां च सप्तानाम् ।

821 फण गतौ । move, move about, reduce heat by water

1c 821 फणँ । फण् । फणति, फणयति । P । सेट् । स०

घटादयः फणान्ता मितः । ज्वरादयः उदात्ताः उदात्तेतः परस्मैभाषाः ।
वृत् । घटादिः गतः । घटादिः मितः गतः ।

822 राजृ दीप्तौ । उदात्तः स्वरितेत् उभयतोभाषः । sparkle, shine, govern

1c 822 राजृँ । राज् । राजति / ते । U । सेट् । अ०

823 टुभ्राजृ (दीप्तौ) । shine

1c 823 टुभ्राजृँ । भ्राज् । भ्राजते । A । सेट् । अ०

824 टुभ्राशृ (दीप्तौ) । 3.1.70 वा भ्राश० । इति वा श्यन् । shine

1c 824 टुभ्राशृँ । भ्राश् । भ्राशते / भ्राश्यते । A । सेट् । अ०

825 टुभ्लाशृ दीप्तौ । 3.1.70 वा भ्राश० । इति वा श्यन् । shine

1c 825 टुभ्लाशृँ । भ्लाश् । भ्लाशते / भ्लाश्यते । A । सेट् । अ०

टुभ्राज्रादयः उदात्ताः अनुदात्तेतः आत्मनेभाषाः ।
अथ क्षरत्यन्ताः परस्मैपदिनः ।

826 स्यमु (शब्दे) । sound, roar, yell

1c 826 स्यमुँ । स्यम् । स्यमति । P । सेट् । अ०

827 स्वन (शब्दे) । sound, be noisy

1c 827 स्वनँ । स्वन् । स्वनति । P । सेट् । अ०

वृत् । फणादयो गताः ।

828 ध्वन शब्दे । sound

1c 828 ध्वनँ । ध्वन् । ध्वनति । P । सेट् । अ०

829 षम अवैकल्ये । be patient, console

1c 829 षमँ । सम् । समति । P । सेट् । अ०

830 ष्टम अवैकल्ये । अवैक्लव्ये । be patient, be balanced, not to be disturbed

1c 830 ष्टमँ । स्तम् । स्तमति । P । सेट् । अ०

(वृत् । ध्वन्यन्ताः ष्टम्यन्ता घटादय इति मतः द्वयम् ।)

अथ ज्वलादि अन्तर्गणः । 3.1.140 ज्वलितिकसन्तेभ्यो णः । इति वा ।

831 ज्वल दीप्तौ । glow, light up

1c 831 ज्वलँ । ज्वल् । ज्वलति । P । सेट् । अ०

832 चल कम्पने । move, palpitate, throb, shake, stir

1c 832 चलँ । चल् । चलति । P । सेट् । अ०

833 जल घातने । be sharp, make sharp, be wealthy

1c 833 जलँ । जल् । जलति । P । सेट् । स०

834 टल (वैक्लव्ये) । be perturbed, be aggrieved, have heart pain

1c 834 टलँ । टल् । टलति । P । सेट् । अ०

835 ट्वल वैक्लव्ये । be perturbed, be aggrieved

1c 835 ट्वलँ । ट्वल् । ट्वलति । P । सेट् । अ०

836 ष्ठल स्थाने । stand firm, be firm

1c 836 ष्ठलँ । स्थल् । स्थलति । P । सेट् । अ०

837 हल विलेखने । आकर्षणे । plough, do farming

1c 837 हलँ । हल् । हलति । P । सेट् । स०

838 णल गन्धे । बन्धने इत्येके । smell, sense odour, bind

1c 838 णलँ । नल् । नलति । P । सेट् । स०

839 पल गतौ । go away

1c 839 पलँ । पल् । पलति । P । सेट् । स०

840 बल प्राणने धान्यावरोधने च । breathe, live, hoard grain

1c 840 बलँ । बल् । बलति । P । सेट् । अ०*

841 पुल महत्त्वे । be great, be large, be high

1c 841 पुलँ । पुल् । पोलति । P । सेट् । अ०

842 कुल संस्त्याने बन्धुषु च । accumulate, be related, count

1c 842 कुलँ । कुल् । कोलति । P । सेट् । अ०

843 शल (गतौ) । move, run, go fast

1c 843 शलँ । शल् । शलति । P । सेट् । स०

844 हुल (गतौ) । go, cover, hide

1c 844 हुलँ । हुल् । होलति । P । सेट् । स०

845 पत्लृ गतौ । हुल हिंसासायां संवरणे च । fall, climb, do superlative effort

1c 845 पत्लृँ । पत् । पतति । P । सेट् । अ०

846 क्वथे निष्पाके । boil, digest, cook, decoct medicinally

1c 846 क्वथेँ । क्वथ् । क्वथति । P । सेट् । अ०*

847 पथे गतौ । go, throw, leave

1c 847 पथेँ । पथ् । पथति । P । सेट् । स०

848 मथे विलोडने । stir, churn, discuss

1c 848 मथेँ । मथ् । मथति । P । सेट् । स०

849 टुवम उद्गिरणे । टुवम् उद्गिरणे । vomit

1c 849 टुवमँ । वम् । वमति । P । सेट् । स०

850 भ्रमु चलने । मित्त्वात् ह्रस्वः । 3.1.70 वा भ्राश० इति श्यनि । roam

1c 850 भ्रमुँ । भ्रम् । भ्रमति / भ्रम्यति । P । सेट् । अ०

851 क्षर सञ्चलने । flow, distill, blame, backbite, trickle, perish

1c 851 क्षरँ । क्षर् । क्षरति । P । सेट् । अ०

स्यामादयः उदात्ताः उदात्तेतः परस्मैभाषाः ।

852 षह मर्षणे ।उदात्तोऽनुदात्तेदात्मनेभाषः । tolerate, conquer

1c 852 षहँ । सह् । सहते । A । सेट् । स०

853 रमु क्रीडायाम् ।रम इति माधवः ।अनुदात्तोऽनुदात्तेदात्मनेभाषः। रामः । sport, delight, be playful

1c 853 रमुँ । रम् । रमते । A । अनिट् । अ०

अथ कसन्ताः परस्मैपदिनः ।

854 षद्लृ विशरणगत्यवसादनेषु ।7.3.78 सीद । sit, sink, be weary, dry up, wither, plunge

1c 854 षद्लृँ । सद् । सीदति । P । अनिट् । स०

855 शद्लृ शातने ।7.3.78 पाघ्रा० । 1.3.60 शदेः शितः इति आत्मनेपदी only for Regular Conjugations। decay, fall, wither

1c 855 शद्लृँ । शद् । शीयते , (शत्स्यति) । P* । अनिट् । अ०

856 क्रुश आह्वाने रोदने च ।wail, shout, call

1c 856 क्रुशँ । क्रुश् । क्रोशति । P । अनिट् । स०

षदादयः त्रयः अनुदात्ताः उदात्तेतः परस्मैभाषाः ।

857 कुच सम्पर्चनकौटिल्यप्रतिष्टम्भविलेखनेषु । come in contact, crooked, oppose, impede

1c 857 कुचँ । कुच् । कोचति । P । सेट् । स०

858 बुध अवगमने । know, wake up

1c 858 बुधँ । बुध् । बोधति । P । सेट् । स०

859 रुह बीजजन्मनि प्रादुर्भावे च । grow, spring, germinate

1c 859 रुहँ । रुह् । रोहति । P । अनिट् । अ०

860 कस गतौ ।वृत् ।go, approach

1c 860 कसँ । कस् । कसति । P । सेट् । स०

कुचादयः उदात्ताः उदात्तेतः परस्मैभाषाः । रुहिः तु अनुदात्तः। वृत् । ज्वलादिः गतः । अथ गूहत्यन्ताः स्वरितेतः ।

861 हिक्क अव्यक्ते शब्दे । hiccup

1c 861 हिक्कँ । हिक्क् । हिक्कति/ते । U । सेट् । अ०

862 अञ्चु गतौ याचने च ।अचु इत्येके ।अचि इत्यपरे ।move,unfold

1c 862 अञ्चुँ । अञ्च् । अञ्चति/ते । U । सेट् । स०

863 टुयाचृ याच्ञायाम् । beg, ask

1c 863 टुयाचृँ । याच् । याचति/ते । U । सेट् । द्वि०

864 रेटृ परिभाषणे । speak, talk, beg, ask

1c 864 रेटृँ । रेट् । रेटति/ते । U । सेट् । स०

865 चते (याचने) । ask, beg, go

1c 865 चतेँ । चत् । चतति/ते । U । सेट् । स०

866 चदे याचने । ask, beg

1c 866 चदेँ । चद् । चदति/ते । U । सेट् । स०

867 प्रोथृ पर्याप्तौ ।पर्याप्तिगतौ । be strong, fill

1c 867 प्रोथृँ । प्रोथ् । प्रोथति/ते । U । सेट् । अ०

868 मिदृ (मेधाहिंसनयोः) । understand, gather, oppress

1c 868 मिदृँ । मिद् । मेदति/ते । U । सेट् । स०

869 मेदृ मेधाहिंसनयोः ।थान्ताविमाविति स्वामी ।धान्ताविति न्यासः। understand, hurt

1c 869 मेदृँ । मेद् । मेदति/ते । U । सेट् । स०

870 मेधृ सङ्गमे च । understand, hurt, meet

1c 870 मेधृँ । मेध् । मेधति/ते । U । सेट् । स०

871 णिदृ (कुत्सासन्निकर्षयोः) । blame, approach

1c 871 णिदृँ । निद् । नेदति/ते । U । सेट् । स०

872 णेदृ कुत्सासन्निकर्षयोः । blame, reach, come close

1c 872 णेदृँ । नेद् । नेदति/ते । U । सेट् । स०

873 शृधु (उन्दने) । moisten, wet

1c 873 शृधुँ । शृध् । शर्धति/ते । U । सेट् । अ०

874 मृधु उन्दने । hurt, moisten, be wet

1c 874 मृधुँ । मृध् । मर्धति/ते । U । सेट् । अ०

875 बुधिर् बोधने । know, wake up

1c 875 बुधिँर् । बुध् । बोधति/ते । U । सेट् । स०

876 उबुन्दिर् निशामने । know, perceive, learn

1c 876 उँबुन्दिँर् । बुन्द् । बुन्दति/ते । U । सेट् । स०

877 वेणृ गतिज्ञानचिन्तानिशामनवादित्रग्रहणेषु । नान्तोऽप्ययम् ।
go, know,recognize,see,consider,play music

1c 877 वेणृँ । वेण् । वेणति/ते । U । सेट् । स०

878 खनु अवदारणे । dig, excavate, trouble

1c 878 खनुँ । खन् । खनति/ते । U । सेट् । स०

879 चीवृ आदानसंवरणयोः । take, accept, wear, cover, seize

1c 879 चीवृँ । चीव् । चीवति/ते । U । सेट् । स०

880 चायृ पूजानिशामनयोः । observe, discern, worship

1c 880 चायृँ । चाय् । चायति/ते । U । सेट् । स०

881 व्यय गतौ । go, move

1c 881 व्ययँ । व्यय् । व्ययति/ते । U । सेट् । स०

882 दाशृ दाने । give, offer oblations

1c 882 दाशृँ । दाश् । दाशति/ते । U । सेट् । स०

883 भेषृ भये ।गतावित्येके । fear, move

1c 883 भेषृँ । भेष् । भेषति/ते । U । सेट् । अ०

884 भ्रेषृ (गतौ) । go, fear

1c 884 भ्रेषृँ । भ्रेष् । भ्रेषति/ते । U । सेट् । स०

885 भ्लेषृ गतौ । go, fear

1c 885 भ्लेषृँ । भ्लेष् । भ्लेषति/ते । U । सेट् । अ०

886 अस गतिदीप्त्यादानेषु ।अष इत्येके । move, shine, receive

1c 886 असँ । अस् । असति/ते । U । सेट् । स०

887 स्पश बाधनस्पर्शनयोः । obstruct, undertake, touch

1c 887 स्पशँ । स्पश् । स्पशति/ते । U । सेट् । स०

888 लष कान्तौ । wish, long for, desire eagerly

1c 888 लषँ । लष् । लषति/ते । U । सेट् । स०

889 चष भक्षणे । eat, savour, kill, injure

1c 889 चषँ । चष् । चषति/ते । U । सेट् । स०

890 छष हिंसायाम् । strike, kill

1c 890 छषँ । छष् । छषति/ते । U । सेट् । स०

891 झष आदानसंवरणयोः । take, accept, wear clothes

1c 891 झषँ । झष् । झषति/ते । U । सेट् । स०

892 भ्रक्ष (अदने) । eat

1c 892 भ्रक्षँ । भ्रक्ष् । भ्रक्षति/ते । U । सेट् । स०

893 भ्लक्ष अदने । भक्ष इति मैत्रेयः । eat

1c 893 भ्लक्षँ । भ्लक्ष् । भ्लक्षति / ते । U । सेट् । स०

894 दासृ दाने । give, submit

1c 894 दासृँ । दास् । दासति / ते । U । सेट् । स०

895 माहृ माने । measure, count, weigh

1c 895 माहृँ । माह् । माहति / ते । U । सेट् । स०

896 गुहू संवरणे । 6.4.89 ऊदुपधाया गोहः । hide, cover with cloth

1c 896 गुहूँ । गुह् । गूहति / ते । U । वेट् । स०

हिक्कादयः उदात्ताः स्वरितेतः उभयतोभाषाः ।अथ अजन्ताः उभयपदिनः ।

897 श्रिञ् सेवायाम् । उदात्तः उभयतोभाषः । reach, get support, rest upon, resort to

1c 897 श्रिञ् । श्रि । श्रयति / ते । U । सेट् । स०

898 भृञ् भरणे । fill

1c 898 भृञ् । भृ । भरति / ते । U । अनिट् । स०

899 हृञ् हरणे । take away, attract, steal

1c 899 हृञ् । हृ । हरति / ते । U । अनिट् । द्वि०

900 धृञ् धारणे । put on, preserve

1c 900 धृञ् । धृ । धरति / ते । U । अनिट् । स०

901 णीञ् प्रापणे । lead, carry

1c 901 णीञ् । नी । नयति / ते । U । अनिट् । द्वि०

भृञादयः चत्वारः अनुदात्ताः उभयतोभाषाः ।अथ अजन्ताः परस्मैपदिनः ।

902 धेट् पाने । suck, suckle, drink

1c 902 धेट् । धे । धयति । P । अनिट् । स०

903 ग्लै (हर्षक्षये) । fade, droop, feel aversion, be dirty, tired

1c 903 ग्लै॒ । ग्लै । ग्लायति । P । अनिट् । अ०

904 म्लै हर्षक्षये । fade, droop, become dirty

1c 904 म्लै॒ । म्लै । म्लायति । P । अनिट् । अ०

905 द्यै न्यक्करणे । insult, treat contemptuously

1c 905 द्यै॒ । द्यै । द्यायति । P । अनिट् । स०

906 द्रै स्वप्ने । sleep

1c 906 द्रै॒ । द्रै । द्रायति । P । अनिट् । अ०

907 ध्रै तृप्तौ । be satisfied

1c 907 ध्रै॒ । ध्रै । ध्रायति । P । अनिट् । स०

908 ध्यै चिन्तायाम् । meditate

1c 908 ध्यै॒ । ध्यै । ध्यायति । P । अनिट् । स०

909 रै शब्दे । sound

1c 909 रै॒ । रै । रायति । P । अनिट् । अ०

910 स्त्यै (शब्दसङ्घातयोः) । be crowded, crowd, speak in unison

1c 910 स्त्यै॒ । स्त्यै । स्त्यायति । P । अनिट् । अ०

911 ष्ट्यै शब्दसङ्घातयोः । षोपदेशः अयं धातुः । sound, be crowded

1c 911 ष्ट्यै॒ । स्त्यै । स्त्यायति । P । अनिट् । अ०

912 खै खदने । खदनं स्थैर्यं हिंसा च । strike, be stable, trouble, be aggrieved, dig

1c 912 खै॒ । खै । खायति । P । अनिट् । स०

913 क्षै (क्षये) । 6.1.78 एचोऽयवायावः । सन्धिः । waste, wane, decay, be emacipated

1c 913 क्षै । क्षै । क्षायति । P । अनिट् । अ०

914 जै (क्षये) । reduce, lessen

1c 914 जै । जै । जायति । P । अनिट् । अ०

915 षै क्षये । decline, reduce

1c 915 षै । सै । सायति । P । अनिट् । अ०

916 कै (शब्दे) । sound, utter

1c 916 कै । कै । कायति । P । अनिट् । अ०

917 गै शब्दे । sing, praise

1c 917 गै । गै । गायति । P । अनिट् । अ०

918 शै (पाके) । cook, be cooked

1c 918 शै । शै । शायति । P । अनिट् । स०

919 श्रै पाके । स्नै इति केषुचित् पाठः । cook, boil, liquefy

1c 919 श्रै । श्रै । श्रायति । P । अनिट् । स०

920 पै (शोषणे) । dry, wither

1c 920 पै । पै । पायति । P । अनिट् । अ०

921 ओवै शोषणे । dry, be dried, be weary

1c 921 ओँवै । वै । वायति । P । अनिट् । अ०

922 ष्टै वेष्टने । put on, adorn

1c 922 ष्टै । स्तै । स्तायति । P । अनिट् । स०

923 ष्णै वेष्टने । शौभायां चेत्येके । wrap, adorn

1c 923 ष्णै । स्नै । स्नायति । P । अनिट् । स०

924 दैप् शोधने । purify, cleanse, protect

1c 924 दै॒प् । दै । दायति । P । अनिट् । स०

925 पा पाने । 7.3.78 पिब । drink, suck

1c 925 पा॒ । पा । पिबति । P । अनिट् । स०

926 घ्रा गन्धोपादाने । 7.3.78 जिघ्र । smell, kiss

1c 926 घ्रा॒ । घ्रा । जिघ्रति । P । अनिट् । स०

927 ध्मा शब्दाग्निसंयोगयोः । 7.3.78 पाघ्रा० इति धम । blow, sound a conch, blow a fire

1c 927 ध्मा॒ । ध्मा । धमति । P । अनिट् । स०

928 ष्ठा गतिनिवृत्तौ । 7.3.78 पाघ्रा० इति तिष्ठ । stand, stop, stay

1c 928 ष्ठा॒ । स्था । तिष्ठति । P । अनिट् । अ०

929 म्ना अभ्यासे । 7.3.78 पाघ्रा० इति मन । repeat, think, imagine

1c 929 म्ना॒ । म्ना । मनति । P । अनिट् । स०

930 दाण् दाने । 7.3.78 पाघ्रा० इति यच्छ । give

1c 930 दा॒ण् । दा । यच्छति । P । अनिट् । स०

931 ह्वृ कौटिल्ये । be crooked, move falsely

1c 931 ह्वृ॒ । ह्वृ । ह्वरति । P । अनिट् । अ०

932 स्वृ शब्दोपतापयोः । sound, be sick, trouble

1c 932 स्वृ॒ । स्वृ । स्वरति । P । अनिट् । अ०

933 स्मृ चिन्तायाम् । reflect, contemplate, think

1c 933 स्मृ॒ । स्मृ । स्मरति । P । अनिट् । स०

934 ह्वृ संवरणे । क्वचित् तु वृ इति पाठः । cover, wrap, put lid

1c 934 ह्वृ॒ । ह्वृ । ह्वरति । P । अनिट् । स०

935 सृ गतौ । वा० शीघ्रगत्यर्थे तु 7.3.78 पाघ्रा० इति धौ । go, move, slither, flow, run away

1c 935 सृ । सृ । सरति, धावति । P । अनिट् । स०

936 ऋ गतिप्रापणयोः । 7.3.78 पाघ्रा० इति ऋच्छ । go, get

1c 936 ऋ । ऋ । ऋच्छति । P । अनिट् । स०

937 गृ सेचने । sprinkle, moisten, make wet

1c 937 गृ । गृ । गरति । P । अनिट् । स०

938 घृ सेचने । sprinkle, irrigate, make wet

1c 938 घृ । घृ । घरति । P । अनिट् । स०

939 ध्वृ हूर्च्छने । bend, hurt, describe

1c 939 ध्वृ । ध्वृ । ध्वरति । P । अनिट् । अ०

940 स्रु गतौ । flow, trickle, move

1c 940 स्रु । स्रु । स्रवति । P । अनिट् । स०

941 षु प्रसवैश्वर्ययोः । produce, conceive

1c 941 षु । सु । सवति । P । अनिट् । स०

942 श्रु श्रवणे । 3.1.74 श्रुवः शृ च । श्नु विकरणः । (Conjugates as a 5c Root) listen, hear, be attentive

1c 942 श्रु । श्रु । शृणोति । P । अनिट् । स०

943 ध्रु स्थैर्ये । be firm

1c 943 ध्रु । ध्रु । ध्रवति । P । अनिट् । अ०

944 दु (गतौ) । go

1c 944 दु । दु । दवति । P । अनिट् । स०

945 द्रु गतौ । run, melt, go

1c 945 द्रु । द्रु । द्रवति । P । अनिट् । स०

946 जि (अभिभवे) । conquer, defeat, subjugate

1c 946 जि । जि । जयति । P । अनिट् । द्वि०

947 ज्रि अभिभवे । win, attain victory, be short of

1c 947 ज्रि । ज्रि । ज्रयति । P । अनिट् । स०*

धयत्यादयः अनुदात्ताः परस्मैभाषाः । अथ डीङन्ता ङितः ।

948 ष्मिङ् ईषद्धसने । smile, blossom, redden, blush

1c 948 ष्मिङ् । स्मि । स्मयते । A । अनिट् । अ०

949 गुङ् अव्यक्ते शब्दे । sound indistinctly

1c 949 गुङ् । गु । गवते । A । अनिट् । अ०

950 गाङ् गतौ । अयं तु अदादिगणः 2c धातुः । go, move

1c 950 गाङ् । गा । गाते । A । अनिट् । स०

951 कुङ् (शब्दे) । sound, buzz, speak indistinctly

1c 951 कुङ् । कु । कवते । A । अनिट् । अ०

952 घुङ् (शब्दे) । make noise, be indistinct

1c 952 घुङ् । घु । घवते । A । अनिट् । अ०

953 उङ् (शब्दे)। sound, make noise

1c 953 उङ् । उ । अवते । A । अनिट् । अ०

954 ङुङ् शब्दे । उङ् कुङ् खुङ् गुङ् घुङ् ङुङ् इत्यन्ये । make a sound

1c 954 ङुङ् । ङु । ङवते । A । अनिट् । स०

955 च्युङ् (गतौ) । fall down, slip, sink, deviate, swerve

1c 955 च्युङ् । च्यु । च्यवते । A । अनिट् । स०

956 ज्युङ् (गतौ) । come close, be in touch

1c 956 ज्युङ् । ज्यु । ज्यवते । A । अनिट् । स०

957 प्रुङ् (गतौ) । go, spring forth

1c 957 प्रुङ् । प्रु । प्रवते । A । अनिट् । स०

958 प्लुङ् गतौ । क्लुङ् इत्येके । float, bathe, swim, jump

1c 958 प्लुङ् । प्लु । प्लवते । A । अनिट् । स०

959 रुङ् गतिरेषणयोः । go, speak, hurt, be angry

1c 959 रुङ् । रु । रवते । A । अनिट् । स०

960 धृङ् अवध्वंसने । fall, decay

1c 960 धृङ् । धृ । धरते । A । अनिट् । अ०

961 मेङ् प्रणिदाने । exchange, replace

1c 961 मेङ् । मे । मयते । A । अनिट् । स०

962 देङ् रक्षणे । protect, cherish

1c 962 देङ् । दे । दयते । A । अनिट् । स०

963 श्यैङ् गतौ । go, coagulate, thicken, be dried

1c 963 श्यैङ् । श्यै । श्यायते । A । अनिट् । स०

964 प्यैङ् वृद्धौ । be exuberant, swell

1c 964 प्यैङ् । प्यै । प्यायते । A । अनिट् । अ०

965 त्रैङ् पालने । defend from, rescue

1c 965 त्रैङ् । त्रै । त्रायते । A । अनिट् । स०

ष्मिङादयः अनुदात्ताः आत्मनेभाषाः ।

966 पूङ् पवने । purify, clean, understand

1c 966 पूङ् । पू । पवते । A । सेट् । स०

967   मूङ् बन्धने । bind, tie, fasten

   1c 967   मूङ् । मू । मवते । A । सेट् । स०

968   डीङ् विहायसा गतौ । fly

   1c 968   डीङ् । डी । डयते । A । सेट् । अ०

पूङादयः त्रयः उदात्ताः आत्मनेभाषाः ।

969   तॄ प्लवनतरणयोः ।उदात्तः परस्मैभाषः।swim, float, cross over

   1c 969   तॄ । तॄ । तरति । P । सेट् । स०

अथ अष्टौ आत्मनेपदिनः ।

970   गुप गोपने ।3.1.5 नित्यं सन् । णिचि तु । desire to -
despise,hide,guard,protect,blame

   1c 970   गुपँ । गुप् । जुगुप्सते, गोपयति । A । सेट् । स०

971   तिज निशाने ।3.1.5 नित्यं सन्नन्तः । णिचि तु । desire to - stir
up, sharpen, excite, agitate

   1c 971   तिजँ । तिज् । तितिक्षते, तेजयति । A । सेट् । स०

972   मान पूजायाम् ।3.1.6 नित्यं सन् । desire to know

   1c 972   मानँ । मान् । मीमांसते, मानयति । A । सेट् । स०

973   बध बन्धने ।नित्यं सन् । desire to - bind, injure

   1c 973   बधँ । बध् । बीभत्सते, बाधयति । A । सेट् । स०

गुपादयः चत्वारः उदात्ताः अनुदात्तेतः आत्मनेभाषाः ।

974   रभ राभस्ये ।आङ् पूर्वकः । begin, be happy, be glad

   1c 974   रभँ । रभ् । आरभते । A । अनिट् । स०

975   डुलभष् प्राप्तौ । get, receive

   1c 975   डुलभँष् । लभ् । लभते । A । अनिट् । स०

976 ष्वञ्ज परिष्वङ्गे । 6.4.25 इति शपि नलोपः । hug

1c 976 ष्वञ्जँ । स्वञ्ज् । स्वजते । A । अनिट् । स०

977 हद पुरीषोत्सर्गे । empty bowels

1c 977 हदँ । हद् । हदते । A । अनिट् । अ०

रभादयः चत्वारः अनुदात्ताः अनुदात्तेतः आत्मनेभाषाः ।

978 ञिष्विदा अव्यक्ते शब्दे । उदात्तः उदात्तेत् परस्मैभाषः । hum, make inarticulate sound

1c 978 ञिष्विदाँ । स्विद् । स्वेदति । P । सेट् । अ०

979 स्कन्दिर् गतिशोषणयोः । go, dry up

1c 979 स्कन्दिँर् । स्कन्द् । स्कन्दति । P । अनिट् । स०

980 यभ मैथुने । have intercourse, make love

1c 980 यभँ । यभ् । यभति । P । अनिट् । अ०

981 णम प्रह्वत्वे शब्दे च । salute, bow

1c 981 णमँ । नम् । नमति । P । अनिट् । स०

982 गमॢ (गतौ) । 7.3.77 इषुगमियमां छः । इति छकार अन्तादेशः । go, move

1c 982 गमॢँ । गम् । गच्छति । P । अनिट् । स०

983 सृपॢ गतौ । move, slither, creep, climb

1c 983 सृपॢँ । सृप् । सर्पति । P । अनिट् । स०

984 यम उपरमे । 7.3.77 इषुगमियमां छः । इति छकार अन्तादेशः । restrain, check, control, stop

1c 984 यमँ । यम् । यच्छति । P । अनिट् । अ०

985 तप सन्तापे । make hot, heat

1c 985 तपँ । तप् । तपति । P । अनिट् । स०

986 त्यज हानौ । abandon

1c 986 त्यजँ । त्यज् । त्यजति । P । अनिट् । स०

987 षञ्ज सङ्गे । 6.4.25 दन्शसञ्जस्वञ्जां शपि । इति शपि नलोपः । embrace, cling, stick

1c 987 षञ्जँ । सञ्ज् । सजति । P । अनिट् । स०

988 दृशिर् प्रेक्षणे । । 7.3.78 पाघ्रा० इति पश्य । see

1c 988 दृशिर् । दृश् । पश्यति । P । अनिट् । स०

989 दंश दशने । 6.4.25 दन्शसञ्जस्वञ्जां शपि । इति शपि नलोपः ।bite

1c 989 दंशँ । दंश् । दशति । P । अनिट् । स०

990 कृष विलेखने । आकर्षणे । कृष्णः । pull, till, make furrows, attract

1c 990 कृषँ । कृष् । कर्षति । P । अनिट् । द्वि०

991 दह भस्मीकरणे । burn

1c 991 दहँ । दह् । दहति । P । अनिट् । स०

992 मिह सेचने । wet, pass urine, have nightfall

1c 992 मिहँ । मिह् । मेहति । P । अनिट् । स०

स्कन्दादयोऽनुदात्ता उदात्तेतः परस्मैभाषाः ।

993 कित निवासे रोगापनयने च । उदात्तेत् परस्मैभाषः । 3.1.5 नित्यं सन् । णिचि तु । desire to dwell, desire to cure

1c 993 कितँ । कित् । चिकित्सति, केतयति । P । सेट् । स०

अथ वहत्यन्ताः स्वरितेतः ।

994 दान खण्डने । 3.1.6 नित्यं सन्नन्तः । णिचि तु । desire to - cut, divide

1c 994 दानँ । दान् । दीदांसति / ते, दानयति । U । सेट् । स०

995 शान तेजने ।3.1.6 नित्यं सन्नन्तः ।णिचि तु । sharpen, whet
1c 995 शानँ । शान् । शीशांसति/ते, शानयति । U । सेट् । स०

उदात्तौ स्वरितेतावुभयतोभाषौ ।

996 डुपचष् पाके । cook
1c 996 डुपचँष् । पच् । पचति/ते । U । अनिट् । द्वि०

997 षच समवाये । be familiar with, be associated, know well
1c 997 षचँ । सच् । सचति/ते । U । सेट् । स०

998 भज सेवायाम् । serve, divide, share, enjoy
1c 998 भजँ । भज् । भजति/ते । U । अनिट् । स०

999 रञ्ज रागे ।6.4.26 इति शपि नलोपः । dye, be attracted, be coloured
1c 999 रञ्जँ । रञ्ज् । रजति/ते । U । अनिट् । अ०

1000 शप आक्रोशे । curse, swear, use foul language
1c 1000 शपँ । शप् । शपति/ते । U । अनिट् । स०

1001 त्विष दीप्तौ । shine, sparkle, blaze
1c 1001 त्विषँ । त्विष् । त्वेषति/ते । U । अनिट् । अ०

अथ यजादि अन्तर्गणः ।6.1.15 वचिस्वपियजादीनां किति।सम्प्रसारणम् ।

1002 यज देवपूजासङ्गतिकरणदानेषु । sacrifice, honour, purify, donate, worship
1c 1002 यजँ । यज् । यजति/ते । U । अनिट् । स०

1003 डुवप् बीजसन्ताने । छेदनेऽपि ।(डुवप) । sow
1c 1003 डुवप् । वप् । वपति/ते । U । अनिट् । स०

1004 वह प्रापणे । flow, carry, lead

1c 1004 व॒हँ । वह् । वहति/ते । U । अनिट् । द्वि०

पचादयोऽनुदात्ताः स्वरितेत उभयतोभाषाः । षचिस्तूदात्तः ।

1005 वस निवासे । अनुदात्त उदात्तेत् परस्मैभाषः । dwell, inhabit, live, stay, abide, reside

1c 1005 व॒सँ । वस् । वसति । P । अनिट् । अ०

1006 वेञ् तन्तुसन्ताने । knit, weave, sew

1c 1006 वे॒ञ् । वे । वयति/ते । U । अनिट् । स०

1007 व्येञ् संवरणे । cover, hide, sew

1c 1007 व्ये॒ञ् । व्ये । व्ययति/ते । U । अनिट् । स०

1008 ह्वेञ् स्पर्धायां शब्दे च । आङ् पूर्वकः । call, take name, hail, challenge for a fight

1c 1008 ह्वे॒ञ् । ह्वे । आह्वयति/ते । U । अनिट् । स०

वेञादयस्त्रयोऽनुदात्ता उभयतोभाषाः । अथ परस्मैपदिनौ ।

1009 वद व्यक्तायां वाचि । speak, say

1c 1009 वदँ । वद् । वदति । P । सेट् । स०

1010 टुओश्वि गतिवृद्ध्योः । अयं वदति च उदात्तौ परस्मैभाषौ । balloon, grow

1c 1010 टुओँश्वि । श्वि । श्वयति । P । सेट् । अ०

वृत् । यजादिः समाप्तः ।

चुलुम्पत्यादिश्च भ्वादौ द्रष्टव्याः । तस्य आकृतिगणत्वात् ।

ऋतिः सौत्रः च सजुगुप्साकृपयोः ।

॥ इति शब्विकरणा भ्वादयः ॥

अथ अदादिः

1011   अद भक्षणे । eat, destroy

   2c 1   अदँ । अद् । अत्ति । P । अनिट् । स०

1012   हन हिंसागत्योः । kill, slay

   2c 2   हनँ । हन् । हन्ति । P । अनि* । स०

अनुदात्तावुदात्तेतौ परस्मैपदिनौ । अथ चत्वारः स्वरितेतः ।

1013   द्विष अप्रीतौ । hate, dislike

   2c 3   द्विषँ । द्विष् । द्वेष्टि / द्विष्टे । U । अनिट् । स०

1014   दुह प्रपूरणे । milk,empty,extract,squeeze,take advantage

   2c 4   दुहँ । दुह् । दोग्धि / दुग्धे । U । अनिट् । द्वि०

1015   दिह उपचये । set curd, anoint, plaster

   2c 5   दिहँ । दिह् । देग्धि / दिग्धे । U । अनिट् । अ०

1016   लिह आस्वादने । lick, taste

   2c 6   लिहँ । लिह् । लेढि / लीढे । U । अनिट् । स०

द्विषादयोऽनुदात्ताः स्वरितेत उभयतोभाषाः ।

1017   चक्षिङ् व्यक्तायां वाचि ।अयं दर्शनेऽपि ।अनुदात्तोऽनुदात्तेत्
       आत्मनेपदी । speak clearly, tell, see

   2c 7   चक्षिँङ् । चक्ष् । चष्टे । A । अनिट् । स०

अथ पृच्यन्ताः अनुदात्तेतो दश ।

1018   ईर गतौ कम्पने च । go, shake, rise, spring from

   2c 8   ईरँ । ईर् । ईर्ते । A । सेट् । स०

1019   ईड स्तुतौ ।अग्निमीळे पुरोहितम् । praise, commend

   2c 9   ईडँ । ईड् । ईट्टे । A । सेट् । स०

1020 ईश ऐश्वर्ये । ऐश्वर्यम् सम्पत्तिः । rule, command, own
2c 10 ईशँ । ईश् । ईष्टे । A । सेट् । अ०

1021 आस उपवेशने । विद्यमानतायां च । sit, be, exist
2c 11 आसँ । आस् । आस्ते । A । सेट् । अ०

1022 आङः शासु इच्छायाम् । bless, hope
2c 12 आङः शासुँ । आशास् । आशास्ते । A । सेट् । स०

1023 वस आच्छादने । dress up, drape, cover with shawl
2c 13 वसँ । वस् । वस्ते । A । सेट् । स०

1024 कसि गतिशासनयोः । अयमनिदिति केचित् । कस इत्येके । कश
इत्यपि । go, punish, rule
2c 14 कसिँ । कंस् । कंस्ते । A । सेट् । स०

1025 णिसि चुम्बने । kiss
2c 15 णिसिँ । निंस् । निंस्ते । A । सेट् । स०

1026 णिजि शुद्धौ । purify, wash, soften
2c 16 णिजिँ । निञ्ज् । निङ्क्ते । A । सेट् । स०

1027 शिजि अव्यक्ते शब्दे । speak indistinctly, hum
2c 17 शिजिँ । शिञ्ज् । शिङ्क्ते । A । सेट् । अ०

1028 पिजि वर्णे । सम्पर्चन इत्येके । उभयत्रेत्यन्ये । अवयव इत्येके ।
अव्यक्ते शब्दे इतीतरे । पृजि इत्येके । paint, make glittery,
sound of anklets
2c 18 पिजिँ । पिञ्ज् । पिङ्क्ते । A । सेट् । स०

1029 वृजी वर्जने । वृजि इति अन्ये । sacrifice, avoid, drop
2c 19 वृजीँ । वृज् । वृक्ते । A । सेट् । स०

1030   पृची सम्पर्चने I touch, unite, embrace
   2c 20   पृचीँ I पृच् I पृक्ते I A I सेट् I स०

ईरादय उदात्ता अनुदात्तेत आत्मनेभाषाः ।

1031   षूङ् प्राणिगर्भविमोचने I be pregnant, produce, give birth
   2c 21   षूङ् I सू I सूते I A I सेट् I स०

1032   शीङ् स्वप्ने I lie down, sleep
   2c 22   शीङ् I शी I शेते I A I सेट् I अ०

उदात्तावात्मनेभाषौ । अथ स्तौत्यन्ताः परस्मैपदिनो दश ।

1033   यु मिश्रणेऽमिश्रणे च I combine, mix, separate
   2c 23   यु I यु I यौति I P I सेट् I स०

1034   रु शब्दे । तु इति सौत्रो धातुः गतिवृद्धिहिंसासु I make sound, cry, hum
   2c 24   रु I रु I रौति, रवीति I P I सेट् I अ०

1035   णु स्तुतौ I praise, worship
   2c 25   णु I नु I नौति I P I सेट् I स०

1036   टुक्षु शब्दे I sneeze, cough, expectorate
   2c 26   टुक्षु I क्षु I क्षौति I P I सेट् I अ०

1037   क्ष्णु तेजने I sharpen, whet
   2c 27   क्ष्णु I क्ष्ण् I क्ष्णौति I P I सेट् I स०

1038   ष्णु प्रस्रवणे I yield, drip milk
   2c 28   ष्णु I स्नु I स्नौति I P I सेट् I अ०

युप्रभृतय उदात्ता उदात्तेतः परस्मैभाषाः ।

1039 ऊर्णुञ् आच्छादने । उदात्त उभयतोभाषः । cover, surround, hide

2c 29 ऊर्णुञ् । ऊर्णु । ऊर्णौति / ऊर्णुते, ऊर्णोति । U । सेट् । स०

1040 द्यु अभिगमने । attack, march

2c 30 द्यु । द्यु । द्यौति । P । अनिट् । स०

1041 षु प्रसवैश्वर्ययोः । produce, conceive

2c 31 षु । सु । सौति । P । अनिट् । स०

1042 कु शब्दे । sound, hum, coo

2c 32 कु । कु । कौति । P । अनिट् । अ०

1043 ष्टुञ् स्तुतौ । 7.3.95 तुरुस्तुशम्यमः सार्वधातुके । praise, worship, pray

2c 33 ष्टुञ् । स्तु । स्तौति / स्तुते , स्तवीति । U । अनिट् । स०

द्युप्रभृतयोऽनुदात्ताः परस्मैभाषाः । स्तौतिस्तूभयतोभाषः ।

1044 ब्रूञ् व्यक्तायां वाचि । अनुदात्त उभयतोभाषः । speak, relate, say

2c 34 ब्रूञ् । ब्रू । ब्रवीति / ब्रूते । U । अनिट् । द्वि०

अथ शास्यन्ताः परस्मैपदिनः ।

1045 इण् गतौ । go

2c 35 इण् । इ । एति , उद्+इ+ल्यप् = उदयति । P । अनिट् । स०

1046 इङ् अध्ययने । नित्यम् अधिपूर्वः । study, learn, read

2c 36 इङ् । इ । अधि + इ = अधीते । A । अनिट् । स०

1047 इक् स्मरणे । अयमप्यधिपूर्वकः । remember, remember regretfully, nostalgic

2c 37 इक् । इ । अध्येति । P । अनिट् । स०

1048 वी गतिव्याप्तिप्रजनकान्त्यसनखादनेषु । ई च । go, surround, attack, be pregnant, desire

2c 38 वी । वी । वेति । P । अनिट् । स०*

1049 या प्रापणे । go, reach, attain

2c 39 या । या । याति । P । अनिट् । स०

1050 वा गतिगन्धनयोः । blow air, be windy, flow

2c 40 वा । वा । वाति । P । अनिट् । अ०

1051 भा दीप्तौ । shine, be brilliant, whistle

2c 41 भा । भा । भाति । P । अनिट् । अ०

1052 ष्णा शौचे । bathe, be clean

2c 42 ष्णा । स्ना । स्नाति । P । अनिट् । अ०

1053 श्रा पाके । cook, boil, mature, ripen, perspire

2c 43 श्रा । श्रा । श्राति । P । अनिट् । स०

1054 द्रा कुत्सायां गतौ । be ashamed, run away

2c 44 द्रा । द्रा । द्राति । P । अनिट् । अ०

1055 प्सा भक्षणे । eat, protect

2c 45 प्सा । प्सा । प्साति । P । अनिट् । स०

1056 पा रक्षणे । protect, save, nurture, govern

2c 46 पा । पा । पाति । P । अनिट् । स०

1057 रा दाने । give, get, grant

2c 47 रा । रा । राति । P । अनिट् । स०

1058 ला आदाने । द्वावपि दाने इति चन्द्रः । take, obtain, give up, donate

2c 48 ला । ला । लाति । P । अनिट् । स०

1059 दाप् लवने । cut, tear

2c 49 दाप् । दा । दाति । P । अनिट् । स०

1060 ख्या प्रकथने । tell, relate, make popular

2c 50 ख्या । ख्या । ख्याति । P । अनिट् । स०

1061 प्रा पूरणे । fill

2c 51 प्रा । प्रा । प्राति । P । अनिट् । स०*

1062 मा माने । measure, weigh

2c 52 मा । मा । माति । P । अनिट् । अ०

1063 वच परिभाषणे । speak, describe, talk, declare

2c 53 वचँ । वच् । वक्ति । P । अनिट् । द्वि०

इण् प्रभृतयोऽनुदात्ताः परस्मैभाषाः । इङ् त्वात्मनेपदी । वचिस्तूदात्तेत् ।

1064 विद ज्ञाने । know, understand, learn

2c 54 विदँ । विद् । वेत्ति । P* । सेट् । स०

1065 अस भुवि । सत्तायाम् इत्यर्थः । be, become, exist

2c 55 असँ । अस् । अस्ति । P । सेट् । अ०

1066 मृजू शुद्धौ । मृजूष् इति क्षीरतरङ्गिणी । wash, clean, make proper

2c 56 मृजूँ । मृज् । मार्ष्टि । P । वेट् । स०

अथ रुदादि अन्तर्गणः । 7.2.76 रुदादिभ्यः सार्वधातुके ।

1067 रुदिर् अश्रुविमोचने । weep, cry, lament

2c 57 रुदिँर् । रुद् । रोदिति । P । सेट् । अ०

विदादय उदात्ता उदात्तेतः परस्मैभाषाः ।

1068 ञिष्वप शये । ञिष्वप् शये । अनुदात्तः परस्मैभाषः । sleep

2c 58 ञिष्वपँ । स्वप् । स्वपिति । P । अनिट्* । अ०

1069 श्वस प्राणने । breathe, live

2c 59 श्वसँ । श्वस् । श्वसिति । P । सेट् । अ०

1070 अन च । प्राणने । breathe, live

2c 60 अनँ । अन् । अनिति । P । सेट् । अ०

अथ जक्षादि अन्तर्गणः । 6.1.6 जक्षित्यादयः षट् ।

1071 जक्ष भक्षहसनयोः । eat, consume, destroy, laugh

2c 61 जक्षँ । जक्ष् । जक्षिति । P । सेट् । स०

वृत् । रुदादयः गताः ।

1072 जागृ निद्राक्षये । be awake,watchful,attentive

2c 62 जागृ । जागृ । जागर्ति । P । सेट् । अ०

1073 दरिद्रा दुर्गतौ । be poor, be pained, be weak

2c 63 दरिद्रा । दरिद्रा । दरिद्राति । P । सेट् । अ०

1074 चकासृ दीप्तौ । shine, be brilliant

2c 64 चकासृँ । चकास् । चकास्ति । P । सेट् । अ०

1075 शासु अनुशिष्टौ । control, order, rule

2c 65 शासुँ । शास् । शास्ति । P । सेट् । द्वि०

श्वसादय उदात्ता उदात्तेतः परस्मैभाषाः । अथ पञ्चधतवश्छान्दसाः ।

1076 दीधीङ् दीप्तिदेवनयोः । छान्दसः । shine, hurt

2c 66 दीधीङ् । दीधी । दीधीते । A । सेट् । अ०

| 1077 | वेवीङ् वेतिना तुल्ये ।छान्दसः । go, creep, desire, be expansive, conceive |
| 2c 67 | वेवीङ् । वेवी । वेवीते । A । सेट् । स०* |

उदात्तावात्मनेभाषौ । वृत् । जक्षादयः गताः ।

| 1078 | षस (स्वप्ने) ।छान्दसः । sleep, dream |
| 2c 68 | षसँ । सस् । सस्ति । P । सेट् । अ० |

| 1079 | षस्ति स्वप्ने ।छान्दसः । sleep, dream |
| 2c 69 | षस्तिँ । संस्त् । सन्ति । P । सेट् । अ० |

| 1080 | वश कान्तौ ।छान्दसः । desire, want |
| 2c 70 | वशँ । वश् । वष्टि । P । सेट् । स० |

षसादय उदात्ता उदात्तेतः परस्मैभाषाः ।

| 1081 | चर्करीतं च ।गणसूत्रम् । defines यङ्-लुक् । परस्मैपदम् अदादिवत् च द्रष्टव्यम् । चर्करीतं इति यङ्लुक् पूर्वाचार्यः संज्ञा । A Root ending in यङ्-लुक् is also considered to belong to 2c and takes परस्मैपदम् affixes |
| 2c 71 | - |

| 1082 | ह्नुङ् अपनयने ।अनुदात्त आत्मनेभाषः । hide, rob, deprive |
| 2c 72 | ह्नुङ् । ह्नु । ह्नुते । A । अनिट् । स० |

॥ इति लुग्विकरणा अदादयः ॥

112

अथ जुहोत्यादिः

1083 हु दानादनयोः ।आदाने च इत्येके ।प्राणनेऽपीति भाष्यम् । do havan, offer oblation, eat

3c 1 हु । हु । जुहोति । P । अनिट् । स०

1084 ञिभी भये । be afraid, be frightened

3c 2 ञिभी । भी । बिभेति । P । अनिट् । अ०

1085 ह्री लज्जायाम् ।be shy, be ashamed, be modest

3c 3 ह्री । ह्री । जिह्रेति । P । अनिट् । अ०

जुहोत्यादयोऽनुदात्ताः परस्मैभाषाः ।

1086 पॄ पालनपूरणयोः ।पृ इत्येके ।उदात्तः परस्मैभाषः ।7.4.77 अर्तिपिपर्त्योश्च । nurture, nourish, satisfy

3c 4 पॄ । पॄ । पिपर्ति । P । सेट् । स०

अथ भृञादि अन्तर्गणः । 7.4.76 भृञामित् ।

1087 डुभृञ् धारणपोषणयोः ।अनुदात्त उभयतोभाषः ।bear, support

3c 5 डुभृञ् । भृ । बिभर्ति / बिभृते । U । अनिट् । स०

1088 माङ् माने शब्दे च ।measure,weigh,sound

3c 6 माङ् । मा । मिमीते । A । अनिट् । स०

1089 ओहाङ् गतौ ।go, walk, droop, reduce

3c 7 ओँहाङ् । हा । जिहीते । A । अनिट् । स०

अनुदात्तावात्मनेपदिनौ । वृत् । भृञादयः गताः ।

1090 ओहाक् त्यागे ।अनुदात्तः परस्मैपदी । abandon

3c 8 ओँहाक् । हा । जहाति । P । अनिट् । स०

1091 डुदाञ् दाने । give, donate, return

3c 9 डुदाञ् । दा । ददाति / दत्ते । U । अनिट् । स०

1092 डुधाञ् धारणपोषणयोः । दाने इति अपि एके । put, drape, protect, support

3c 10 डुधाञ् । धा । दधाति / धत्ते । U । अनिट् । स०

अनुदात्तावुभयतोभाषौ । अथ त्रयः स्वरितेतः ।

अथ निजादि अन्तर्गणः । 7.4.75 निजां त्रयाणां गुणः श्लौ ।

1093 णिजिर् शौचपोषणयोः । clean, purify, nurture

3c 11 णिजिँर् । निज् । नेनेक्ति / नेनिक्ते । U । अनिट् । स०

1094 विजिर् पृथग्भावे । निजादि अन्तर्गण । separate, discriminate

3c 12 विजिँर् । विज् । वेवेक्ति / वेविक्ते । U । अनिट् । अ०

1095 विष्लृ व्याप्तौ । निजादि अन्तर्गण । expand, spread, surround, pervade

3c 13 विष्लृँ । विष् । वेवेष्टि / वेविष्टे । U । अनिट् । स०

णिजिरादयोऽनुदात्ताः स्वरितेत उभयतोभाषाः ।

वृत् ।निजादिः गतः ।अथ आगणान्ताः एकदश परस्मैपदिनः छान्दसाः च।

1096 घृ क्षरणदीप्त्योः । छान्दस । बाहुलकात् इ । trickle, drip, shine, be bright

3c 14 घृ । घृ । जघर्ति, जिघर्ति । P । अनिट् । स०

1097 हृ प्रसह्यकरणे । छान्दसः । बाहुलकात् इ । use force, apply strength, rape

3c 15 हृ । हृ । जहर्ति, जिहर्ति । P । अनिट् । स०

1098 ॠ (गतौ) । 7.4.77 अर्तिपिपर्त्योश्च । go, shake, expand

3c 16 ॠ । ॠ । इयर्ति । P । अनिट् । स०

1099 सृ गतौ । छान्दसः । go, creep, slither

3c 17 सृ । सृ । ससर्ति । P । अनिट् । स०

घृप्रभृतयोऽनुदात्ताः परस्मैभाषाः ।

1100 भस भर्त्सनदीप्त्योः । उदात्त उदात्तेत् परस्मैपदी । छान्दसः ।
make bright, blame

3c 18 भसँ । भस् । बभस्ति । P । सेट् । अ०*

1101 कि ज्ञाने । अनुदात्तः परस्मैपदी । छान्दसः । perceive, go

3c 19 कि॒ । कि । चिकेति । P । अनिट् । स०

1102 तुर त्वरणे । छान्दसः । hurry, rush

3c 20 तुरँ । तुर् । तुतोर्ति । P । सेट् । अ०

1103 धिष शब्दे । छान्दसः । sound

3c 21 धिषँ । धिष् । दिधेष्टि । P । सेट् । अ०

1104 धन धान्ये । grow, germinate, be produced

3c 22 धनँ । धन् । दधन्ति । P । सेट् । अ०

1105 जन जनने । be born, take birth, be produced

3c 23 जनँ । जन् । जजन्ति । P । सेट् । अ०

तुरादय उदात्ता उदात्तेतः परस्मैभाषाः ।

1106 गा स्तुतौ । अनुदात्तः परस्मैभाषः । praise, appreciate

3c 24 गा॒ । गा । जिगाति । P । अनिट् । स०

घृप्रभृतय एकादशच्छन्दसि । इयर्ति भाषायामपि ।

॥ इति श्लु विकरणा जुहोत्यादयः ॥

अथ दिवादिः

अथ उदात्ता झृषन्ताः परस्मैपदिनः ।
अयम् चत्वारः वकारान्तः । 8.2.77 हलि च इति उपधा दीर्घः ।

1107 दिवु क्रीडाविजिगीषाव्यवहारद्युतिस्तुतिमोदमदस्वप्नकान्तिगतिषु ।
play, gamble, take, do business,, cherish

4c 1 दिवुँ । दिव् । दीव्यति । P । सेट् । स०

1108 षिवु तन्तुसन्ताने । sew, stitch, sow, plant

4c 2 षिवुँ । सिव् । सीव्यति । P । सेट् । स०

1109 स्रिवु गतिशोषणयोः । be dried, go, creep

4c 3 स्रिवुँ । स्रिव् । स्रीव्यति । P । सेट् । स०

1110 ष्ठिवु निरसने । केचिदिहेमं न पठन्ति । spit, eject saliva, spatter

4c 4 ष्ठिवुँ । ष्ठिव् । ष्ठीव्यति । P । सेट् । अ०

वृत् ।

1111 ष्णुसु अदने । आदने इत्येके । अदर्शने इत्यपरे । eat, swallow,
disappear, spit, take, accept

4c 5 ष्णुसुँ । स्नुस् । स्नुस्यति । P । सेट् । स०

1112 ष्णसु निरसने । spit, spatter

4c 6 ष्णसुँ । स्नस् । स्नस्यति । P । सेट् । स०

1113 क्नसु ह्वरणदीप्त्योः । be crooked in mind or body, shine, cheat

4c 7 क्नसुँ । क्नस् । क्नस्यति । P । सेट् । अ०

1114 व्युष दाहे । ब्युष । burn, be burnt, roast, separate, divide

4c 8 व्युषँ । व्युष् । व्युष्यति । P । सेट् । स०

1115 प्लुष च । दाहे । burn, scorch

  4c 9 प्लुषँ । प्लुष् । प्लुष्यति । P । सेट् । स०

1116 नृती गात्रविक्षेपे । dance, move about

  4c 10 नृतीँ । नृत् । नृत्यति । P । सेट् । अ०

1117 त्रसी उद्वेगे । 3.1.70 वा भ्राश० । इति वा श्यन् । shake, tremble, be afraid, runaway

  4c 11 त्रसीँ । त्रस् । त्रस्यति, त्रसति । P । सेट् । अ०

1118 कुथ पूतीभावे । putrefy, smell rotten, stink

  4c 12 कुथँ । कुथ् । कुथ्यति । P । सेट् । अ०

1119 पुथ हिंसायाम् । cause pain, trouble

  4c 13 पुथँ । पुथ् । पुथ्यति । P । सेट् । स०

1120 गुध परिवेष्टने । cover, wrap, clothe, put in envelope

  4c 14 गुधँ । गुध् । गुध्यति । P । सेट् । स०

1121 क्षिप प्रेरणे । throw, cast

  4c 15 क्षिपँ । क्षिप् । क्षिप्यति । P । अनिट् । स०

1122 पुष्प विकसने । blossom, bloom, expand

  4c 16 पुष्पँ । पुष्प् । पुष्प्यति । P । सेट् । अ०

1123 तिम (आर्द्रीभावे) । become wet, hide

  4c 17 तिमँ । तिम् । तिम्यति । P । सेट् । अ०

1124 ष्टिम (आर्द्रीभावे) । be wet, be moist, be fixed, be immovable

  4c 18 ष्टिमँ । स्तिम् । स्तिम्यति । P । सेट् । अ०

1125 ष्टीम आर्द्रीभावे । be wet, be moist, be fixed, be immovable

  4c 19 ष्टीमँ । स्तीम् । स्तीम्यति । P । सेट् । अ०

1126 व्रीड चोदने लज्जायां च । send forth, prompt, be ashamed

4c 20 व्रीडँ । व्रीड् । व्रीड्यति । P । सेट् । स०*

1127 इष गतौ । go, spread, move, cast

4c 21 इषँ । इष् । इष्यति । P । सेट् । स०

1128 षह (चक्यर्थे) । be pleased, be satisfied

4c 22 षहँ । सह् । सह्यति । P । सेट् । अ०

1129 षुह चक्यर्थे । be happy, be valiant, be capable

4c 23 षुहँ । सुह् । सुह्यति । P । सेट् । अ०

1130 जॄष् (वयोहानौ) । 7.1.100 ॠत इद् धातोः इति इर् । 8.2.77 हलि च इति दीर्घः । grow old, decay, wear out

4c 24 जॄष् । जॄ । जीर्यति । P । सेट् । अ०

1131 झॄष् वयोहानौ । 7.1.100 ॠत इद् धातोः इति इर् । 8.2.77 हलि च इति दीर्घः । grow old, decay, get destroyed, fall off

4c 25 झॄष् । झॄ । झीर्यति । P । सेट् । अ०

दिवादय उदात्ता उदात्तेतः परस्मैभाषाः । क्षिपिस्त्वनुदात्तः ।

अथ स्वादयः अन्तर्गणः ।

1132 षूङ् प्राणिप्रसवे । 8.2.45 ओदितश्च । bring forth, bear, beget

4c 26 षूङ् । सू । सूयते । A । वेट् । स०

1133 दूङ् परितापे । cause pain, be afflicted

4c 27 दूङ् । दू । दूयते । A । सेट् । अ०

उदात्तावात्मनेभाषौ ।

1134 दीङ् क्षये । die, perish

4c 28 दीङ् । दी । दीयते । A । अनिट् । अ०

1135 डीङ् विहायसा गतौ । fly, go in air

4c 29 डीङ् । डी । डीयते । A । सेट् । अ०

1136 धीङ् आधारे । be brave, preserve

4c 30 धीङ् । धी । धीयते । A । अनिट् । स०

1137 मीङ् हिंसायाम् । die, perish, diminish, be destroyed

4c 31 मीङ् । मी । मीयते । A । अनिट् । अ०

1138 रीङ् श्रवणे । trickle, drip, flow

4c 32 रीङ् । री । रीयते । A । अनिट् । अ०

1139 लीङ् श्लेषणे । adhere to, be immersed

4c 33 लीङ् । ली । लीयते । A । अनिट् । अ०

1140 व्रीङ् वृणोत्यर्थे । ब्रीङ् । choose, select, trace, cover

4c 34 व्रीङ् । व्री । व्रीयते । A । अनिट् । स०

वृत् । स्वादय ओदितः गताः ।

1141 पीङ् पाने । drink

4c 35 पीङ् । पी । पीयते । A । अनिट् । स०

1142 माङ् माने । measure, weigh

4c 36 माङ् । मा । मायते । A । अनिट् । स०

1143 ईङ् गतौ । go

4c 37 ईङ् । ई । ईयते । A । अनिट् । स०

1144 प्रीङ् प्रीतौ । be pleased, please, soothe

4c 38 प्रीङ् । प्री । प्रीयते । A । अनिट् । स०

दीङादय आत्मनेपदिनोऽनुदात्ताः । डीङ् तु उदात्तः ।

अथ चत्वारः परस्मैपदिनः । 7.3.71 ओतः श्यनि । इति ओ लोपः ।

1145 शो तनूकरणे । sharpen, make fine

4c 39 शो । शो । श्यति । P । अनिट् । स०

1146 छो छेदने । tear, separate

4c 40 छो । छो । छ्यति । P । अनिट् । स०

1147 षो अन्तकर्मणि । be destroyed, be completed

4c 41 षो । सो । स्यति । P । अनिट् । स०

1148 दो अवखण्डने । tear, classify, cut, divide

4c 42 दो । दो । द्यति । P । अनिट् । स०

श्यतिप्रभृतयोऽनुदात्ताः परस्मैभाषाः । वृत् । अथ आत्मनेपदिनः पञ्चादश ।

1149 जनी प्रादुर्भावे । 7.3.79 ज्ञाजनोर्जा इति जा । be born, take birth, be produced

4c 43 जनीँ । जन् । जायते । A । सेट् । अ०

1150 दीपी दीप्तौ । shine

4c 44 दीपीँ । दीप् । दीप्यते । A । सेट् । अ०

1151 पूरी आप्यायने । satisfy, fulfill, be fulfilled

4c 45 पूरीँ । पूर् । पूर्यते । A । सेट् । स०

1152 तूरी गतित्वरणहिंसनयोः । go quickly, make haste, hurt

4c 46 तूरीँ । तूर् । तूर्यते । A । सेट् । स०

1153 धूरी (हिंसागत्योः) । hurt, come close

4c 47 धूरीँ । धूर् । धूर्यते । A । सेट् । स०

1154 गूरी हिंसागत्योः । cause hurt, go, be worn out, be old

4c 48 गूरीँ । गूर् । गूर्यते । A । सेट् । स०

1155 घूरी (हिंसावयोहान्योः) | torture, be old, be elderly

4c 49 घूरीँ | घूर् | घूर्यते | A | सेट् | स०*

1156 जूरी हिंसावयोहान्योः | decay, be angry,kill, cause pain, hurt

4c 50 जूरीँ | जूर् | जूर्यते | A | सेट् | स०*

1157 शूरी हिंसास्तम्भनयोः | trouble, cause pain, be stupid, be mad, hurt

4c 51 शूरीँ | शूर् | शूर्यते | A | सेट् | स०

1158 चूरी दाहे | burn

4c 52 चूरीँ | चूर् | चूर्यते | A | सेट् | स०

1159 तप ऐश्वर्ये वा | पत इति पाठान्तरम् | अन्यदा तु शब्विकरणः परस्मैपदी च | be prosperous,affluent, burn mentally, burn

4c 53 तपँ | तप् | तप्यते , तपति | A* | अनिट् | अ०

1160 वृतु वरणे | वावृतु इति केचित् | choose, like, appoint, serve

4c 54 वृतुँ | वृत् | वृत्यते | A | सेट् | स०

1161 क्लिश उपतापे | suffer, be afflicted

4c 55 क्लिशँ | क्लिश् | क्लिश्यते | A | सेट् | अ०

1162 काशृ दीप्तौ | shine, cough

4c 56 काशृँ | काश् | काश्यते | A | सेट् | अ०

1163 वाशृ शब्दे | roar, scream, shriek, howl, growl, honk

4c 57 वाशृँ | वाश् | वाश्यते | A | सेट् | अ०

जन्यादय उदात्ता अनुदात्तेत आत्मनेभाषाः | तपिस्त्वनुदात्तः | वृत् | अथ पञ्च स्वरितेतः |

1164 मृष तितिक्षायाम् | endure, suffer, neglect

4c 58 मृषँ | मृष् | मृष्यति / ते | U | सेट् | स०

121

1165 ईशुचिर् पूतीभावे । शुचिर् । bathe, be wet, perform ablutions, burn

4c 59 ईँशुचिँर् । शुच् । शुच्यति / ते । U । सेट् । अ०

उदात्तौ स्वरितेतावुभयतोभाषौ ।

1166 णह बन्धने । bind, entangle legs to copulate

4c 60 णहँ । नह् । नह्यति/ ते । U । अनिट् । स०

1167 रञ्ज रागे । 6.4.24 अनिदितां हल उपधायाः क्ङिति इति न् लोपः ।
be pleased, dye, worship

4c 61 रञ्जँ । रञ्ज् । रज्यति / ते । U । अनिट् । अ०

1168 शप आक्रोशे । curse, swear, use bad language

4c 62 शपँ । शप् । शप्यति / ते । U । अनिट् । स०

णहादयस्त्रयोऽनुदात्ताः स्वरितेत उभयतोभाषाः ।

अथ एकादश आत्मनेपदिनः ।

1169 पद गतौ । go, move

4c 63 पदँ । पद् । पद्यते । A । अनिट् । स०

1170 खिद दैन्ये । be depressed, suffer pain

4c 64 खिदँ । खिद् । खिद्यते । A । अनिट् । अ०

1171 विद सत्तायाम् । be, exist

4c 65 विदँ । विद् । विद्यते । A । अनिट् । अ०

1172 बुध अवगमने । know, awaken

4c 66 बुधँ । बुध् । बुध्यते । A । अनिट् । स०

1173 युध सम्प्रहारे । fight, oppose

4c 67 युधँ । युध् । युध्यते । A । अनिट् । अ०

1174 अनो रुध कामे । अनु पूर्वो रुधिः । be kind, endorse

4c 68 अनो रुधँ । रुध् । अनुरुध्यते । A । अनिट् । स०

1175 अण प्राणने । अन इत्येके । breathe, live

4c 69 अणँ । अण् । अण्यते । A । सेट् । अ०

1176 मन ज्ञाने । think, agree, believe

4c 70 मनँ । मन् । मन्यते । A । अनिट् । स०

1177 युज समाधौ । meditate, do upasana, concentrate

4c 71 युजँ । युज् । युज्यते । A । अनिट् । अ०

1178 सृज विसर्गे । set free, release, produce, give birth

4c 72 सृजँ । सृज् । सृज्यते । A । अनिट् । अ०

1179 लिश अल्पीभावे । become small, decrease

4c 73 लिशँ । लिश् । लिश्यते । A । अनिट् । अ०

पदादयोऽनुदात्ता अनुदात्तेत आत्मनेभाषाः । अण् तु उदात्तः ।

अथ आगणान्ताः परस्मैपदिनः अष्टषष्टिः । Till end of 4c

1180 राधोऽकर्मकाद् वृद्धौ एव । be favourable, succeed

4c 74 राधँ । राध् । राध्यति । P । अनिट् । अ०

1181 व्यध ताडने । 6.1.16 ग्रहि० इति अयं सम्प्रसारणी । pierce, stab, strike

4c 75 व्यधँ । व्यध् । विध्यति । P । अनिट् । स०

अथ पुषादि अन्तर्गणः । 3.1.55 पुषादिद्युताद्य्लृदितः परस्मैपदेषु ।

1182 पुष पुष्टौ । nourish, foster

4c 76 पुषँ । पुष् । पुष्यति । P । अनिट् । स०

1183 शुष शोषणे । be dry, dry, injure, switch off, put off flame

4c 77 शुषँ । शुष् । शुष्यति । P । अनिट् । अ०

1184 तुष प्रीतौ । be pleased, be contented, be calm, be happy

4c 78 तुषँ । तुष् । तुष्यति । P । अनिट् । अ०

1185 दुष वैकृत्ये । be corrupt, commit a mistake, suffer

4c 79 दुषँ । दुष् । दुष्यति । P । अनिट् । अ०*

1186 श्लिष आलिङ्गने । decorate, embrace, hug

4c 80 श्लिषँ । श्लिष् । श्लिष्यति । P । अनिट् । स०

1187 शक विभाषितो मर्षणे । उभयपदि । endure, tolerate, be able

4c 81 शकँ । शक् । शक्यति / ते । U । अनिट्* । स०

1188 ष्विदा गात्रप्रक्षरणे । ञिष्विदा इत्येके । sweat, melt

4c 82 ष्विदाँ । स्विद् । स्विद्यति । P । अनिट् । अ०

ञिष्विदाँ । स्विद् । स्विद्यति । P । अनिट् । अ०

1189 क्रुध क्रोधे । be angry

4c 83 क्रुधँ । क्रुध् । क्रुध्यति । P । अनिट् । अ०

1190 क्षुध बुभुक्षायाम् । be hungry

4c 84 क्षुधँ । क्षुध् । क्षुध्यति । P । अनिट् । अ०

1191 शुध शौचे । be clean, become pure

4c 85 शुधँ । शुध् । शुध्यति । P । अनिट् । अ०

1192 षिधु संराद्धौ । accomplish, prove, be fulfilled, reach

4c 86 षिधुँ । सिध् । सिध्यति । P । अनिट् । अ०

राधादयोऽनुदात्ता उदात्तेतः परस्मैभाषाः ।

अथ रधादि अन्तर्गणः । 7.2.45 रधादिभ्यश्च । इति वेट् ।

1193 रध हिंसासंराद्ध्योः । 7.1.61 रधिजभोरचि । hurt, torment, complete

4c 87 रधँ । रध् । रध्यति । P । वेट् । स०*

1194 णश अदर्शने । perish, disappear
4c 88 णशँ । नश् । नश्यति । P । वेट् । अ०

1195 तृप प्रीणने । प्रीणनं तृप्तिस्तर्पणं च । be satisfied, satisfy
4c 89 तृपँ । तृप् । तृप्यति । P । वेट् । स०*

1196 दृप हर्षमोहनयोः । be proud, be arrogant, be happy
4c 90 दृपँ । दृप् । दृप्यति । P । वेट् । अ०

1197 द्रुह जिघांसायाम् । 8.2.33 वा द्रुह० । be inimical, bear malice, hurt
4c 91 द्रुहँ । द्रुह् । द्रुह्यति । P । वेट् । स०

1198 मुह वैचित्ये । 8.2.33 वा द्रुह० । faint, swoon, be confused
4c 92 मुहँ । मुह् । मुह्यति । P । वेट् । अ०

1199 ष्णुह उद्गिरणे । 8.2.33 वा द्रुहमुहष्णुहष्णिहाम् । vomit, cancel
4c 93 ष्णुहँ । स्नुह् । स्नुह्यति । P । वेट् । स०

1200 ष्णिह प्रीतौ । 8.2.33 वा द्रुह० । governs 7th case locative । love, be affectionate, be friendly, be fond of
4c 94 ष्णिहँ । स्निह् । स्निह्यति । P । वेट् । अ०

रधादयो वेटः उदात्तेतः परस्मैभाषाः । वृत् । रधादयः गताः ।
अथ शमादि अन्तर्गणः । 7.3.74 शमाम् अष्टानां दीर्घः श्यनि ।

1201 शमु उपशमे । शान्तिः । be quiet, be calm, stop, cease, tranquil
4c 95 शमुँ । शम् । शाम्यति । P । सेट् । अ०

1202 तमु काङ्क्षायाम् । desire, wish, choke, be exhausted, distressed
4c 96 तमुँ । तम् । ताम्यति । P । सेट् । अ०

1203 दमु उपशमे । restrain, pacify, cease, tame, conquer
4c 97 दमुँ । दम् । दाम्यति । P । सेट् । स०

1204 श्रमु तपसि खेदे च । take pains, toil, perform austerities

4c 98 श्रमुँ । श्रम् । श्राम्यति । P । सेट् । अ०

1205 भ्रमु अनवस्थाने । 3.1.70 वा भ्राश० । इति वा श्यन् । roam, be confused, err, move to and fro

4c 99 भ्रमुँ । भ्रम् । भ्राम्यति , भ्रमति । P । सेट् । अ०

1206 क्षमू सहने । क्षमु तु वेट् । pardon, forgive, tolerate, endure

4c 100 क्षमूँ । क्षम् । क्षाम्यति । P । वेट् । स०

1207 क्लमु ग्लानौ । 3.1.70 वा भ्राश० । इति वा श्यन् । wilt, be depressed, be fatigued

4c 101 क्लमुँ । क्लम् । क्लाम्यति , क्लामति । P । सेट् । अ०

1208 मदी हर्षे । be glad, be drunk, rejoice

4c 102 मदीँ । मद् । माद्यति । P । सेट् । अ०

शमादय उदात्ता उदात्तेतः परस्मैभाषाः। क्षमू तु वेट्। वृत्। शमादयः गताः।

1209 असु क्षेपणे । throw

4c 103 असुँ । अस् । अस्यति । P । सेट् । स०

1210 यसु प्रयत्ने । 3.1.71 यसोऽनुपसर्गात् इति वा श्यन् । make effort, exert, strive

4c 104 यसुँ । यस् । यस्यति , यसति । P । सेट् । अ०

1211 जसु मोक्षणे । set free, release

4c 105 जसुँ । जस् । जस्यति । P । सेट् । स०

1212 तसु उपक्षये । cast upwards, fade, send, dig, wilt

4c 106 तसुँ । तस् । तस्यति । P । सेट् । स०

1213 दसु च । उपक्षये । destroy, be destroyed

4c 107 दसुँ । दस् । दस्यति । P । सेट् । स०

1214 वसु स्तम्भे । बसु इति केचित् , भसु । be thoughtful, be firm, fix

4c 108 वसुँ । वस् । वस्यति । P । सेट् । अ०

1215 व्युष विभागे । व्युस इत्यन्ये । बुस इत्यपरे । separate, discriminate

4c 109 व्युषँ । व्युष् । व्युष्यति । P । सेट् । स०

1216 प्लुष दाहे । burn, scorch

4c 110 प्लुषँ । प्लुष् । प्लुष्यति । P । सेट् । स०

1217 बिस प्रेरणे । cast, throw, send

4c 111 बिसँ । बिस् । बिस्यति । P । सेट् । स०

1218 कुस संश्लेषणे । embrace, surround

4c 112 कुसँ । कुस् । कुस्यति । P । सेट् । स०

1219 बुस उत्सर्गे । discharge urine, give up

4c 113 बुसँ । बुस् । बुस्यति । P । सेट् । स०

1220 मुस खण्डने । cleave, cut in pieces, destroy

4c 114 मुसँ । मुस् । मुस्यति । P । सेट् । स०

1221 मसी परिणामे । समी इत्येके । weigh, measure, change form

4c 115 मसीँ । मस् । मस्यति । P । सेट् । अ०

1222 लुट विलोडने । लुठ इत्येके । stir, shake, roll

4c 116 लुटँ । लुट् । लुट्यति । P । सेट् । अ०

1223 उच समवाये । collect, be fond of, delight in

4c 117 उचँ । उच् । उच्यति । P । सेट् । अ०

1224 भृशु (अधःपतने) । fall down, be disgraced

4c 118 भृशुँ । भृश् । भृश्यति । P । सेट् । अ०

1225 भ्रंशु अधःपतने । 6.4.24 अनिदितां हल उपधायाः क्ङिति, इति न् लोपः । fall down, be disgraced

4c 119 भ्रंशुँ । भ्रंश् । भ्रश्यति । P । सेट् । अ०

1226 वृश वरणे । choose, select, cover, grow

4c 120 वृशँ । वृश् । वृश्यति । P । सेट् । स०

1227 कृश तनूकरणे । be lean, be feeble

4c 121 कृशँ । कृश् । कृश्यति । P । सेट् । स०

1228 ञितृषा पिपासायाम् । be thirsty, desire, be curious

4c 122 ञितृषाँ । तृष् । तृष्यति । P । सेट्* । अ०

1229 हृष तुष्टौ । be glad, be satisfied

4c 123 हृषँ । हृष् । हृष्यति । P । सेट्* । अ०

1230 रुष (हिंसायाम्) । be hurt, be injured, be angry, be annoyed

4c 124 रुषँ । रुष् । रुष्यति । P । सेट्* । अ०

1231 रिष हिंसायाम् । injure, harm, hurt

4c 125 रिषँ । रिष् । रिष्यति । P । सेट्* । स०

1232 डिप क्षेपे । send, throw, fly, backbite

4c 126 डिपँ । डिप् । डिप्यति । P । सेट् । स०

1233 कुप क्रोधे । be angry

4c 127 कुपँ । कुप् । कुप्यति । P । सेट् । अ०

1234 गुप व्याकुलत्वे । be confused, be disturbed, disturb

4c 128 गुपँ । गुप् । गुप्यति । P । सेट् । अ०

1235 युप (विमोहने) । be disturbed, be confused, trouble

4c 129 युपँ । युप् । युप्यति । P । सेट् । स०

1236 रुप (विमोहने) । go, move, cry, be disturbed, violate
4c 130 रुपँ । रुप् । रुप्यति । P । सेट् । स०

1237 लुप विमोहने । ष्टुप समुच्छ्राये । be perplexed, be confused, confuse
4c 131 लुपँ । लुप् । लुप्यति । P । सेट् । स०

1238 लुभ गार्ध्ये । गार्ध्न्ये । be greedy, long for, covet, be eager
4c 132 लुभँ । लुभ् । लुभ्यति । P । सेट्* । स०

1239 क्षुभ सञ्चलने । tremble, be agitated
4c 133 क्षुभँ । क्षुभ् । क्षुभ्यति । P । सेट् । अ०

1240 णभ (हिंसायाम्) । hurt, destroy
4c 134 णभँ । नभ् । नभ्यति । P । सेट् । स०

1241 तुभ हिंसायाम् । क्षुभिनभितुभयो द्युतादौ क्र्यादौ च पठ्यन्ते । kill, hurt
4c 135 तुभँ । तुभ् । तुभ्यति । P । सेट् । स०

1242 क्लिदू आर्द्रीभावे । become wet, be moist
4c 136 क्लिदूँ । क्लिद् । क्लिद्यति । P । वेट् । अ०

1243 ञिमिदा स्नेहने । 7.3.82 मिदेर्गुणः । melt, be affectionate, love, apply oil
4c 137 ञिमिदाँ । मिद् । मेद्यति । P । सेट् । अ०

1244 ञिक्ष्विदा स्नेहनमोचनयोः । be wet, release urine, apply oil
4c 138 क्ष्विदाँ । क्ष्विद् । क्ष्विद्यति । P । सेट् । अ०

1245 ऋधु वृद्धौ । prosper, please, complete
4c 139 ऋधुँ । ऋध् । ऋध्यति । P । सेट् । अ०

1246 गृधु अभिकाङ्क्षायाम् । covet, be greedy
4c 140 गृधुँ । गृध् । गृध्यति । P । सेट् । स०

असुप्रभृतय उदाता उदात्तेतः परस्मैभाषाः । वृत् । पुषादयः गताः ।
दिवादिराकृतिगण इति केचित् । दिवादिः तु भ्वादिवत् आकृतिगणः ।
॥ इति श्यन् विकरणा दिवादयः ॥

अथ स्वादिः

1247 षुञ् अभिषवे । squeeze for offering, extract soma juice

5c 1 षुञ् । सु । सुनोति / सुनुते । U । अनिट् । स०*

1248 षिञ् बन्धने । tie, bind

5c 2 षिञ् । सि । सिनोति / सिनुते । U । अनिट् । स०

1249 शिञ् निशाने । sharpen, make fine

5c 3 शिञ् । शि । शिनोति / शिनुते । U । अनिट् । स०

1250 डुमिञ् प्रक्षेपणे । throw, extend, stretch

5c 4 डुमिञ् । मि । मिनोति / मिनुते । U । अनिट् । स०

1251 चिञ् चयने ।6.4.77अचि श्नु-धातु-भ्रुवां य्वोरियङुवङौ ।6.4.107 लोपः च अस्य अन्यतरस्यां म्वोः। collect,select,gather,pile up

5c 5 चिञ् । चि । चिनोति / चिनुते । U । अनिट् । द्वि०

1252 स्तृञ् आच्छादने । cover, envelope

5c 6 स्तृञ् । स्तृ । स्तृणोति / स्तृणुते । U । अनिट् । स०

1253 कृञ् हिंसायाम् । hurt, kill

5c 7 कृञ् । कृ । कृणोति / कृणुते । U । अनिट् । स०

1254 वृञ् वरणे । choose, select, regularize, cover

5c 8 वृञ् । वृ । वृणोति /वृणुते । U । सेट् । स०

1255 धुञ् कम्पने । धूञ् इत्येके । shake, be shaken, tremble

5c 9 धुञ् । धु । धुनोति / धुनुते । U । अनिट् । स०

धूञ् । धू । धूनोति / धूनुते । U । वेट् । स०

स्वादयोऽनुदात्ता उभयतोभाषाः । वृञ् उदात्तः । अथ परस्मैपदिनः अष्टौ ।

1256 टुदु उपतापे । be hurt, cause hurt, burn

5c 10 टुदु । दु । दुनोति । P । अनिट् । स०

1257 हि गतौ वृद्धौ च । go, inspire, set in motion

5c 11 हि । हि । हिनोति । P । अनिट् । स०*

1258 पृ प्रीतौ । satisfy, fulfill

5c 12 पृ । पृ । पृणोति । P । अनिट् । स०

1259 स्पृ प्रीतिपालनयोः । प्रीतिचलनयोः इत्यन्ये । चलनं जीवनम् इति स्वामी । स्मृ इत्येके । attract, please, nurture

5c 13 स्पृ । स्पृ । स्पृणोति । P । अनिट् । स०

स्मृ । स्मृ । स्मृणोति । P । अनिट् । स०

पृणोत्यादयः त्रयोऽपि छान्दसा इत्याहुः ।

1260 आपॢ व्याप्तौ । pervade, cover

5c 14 आपॢँ । आप् । आप्नोति । P । अनिट् । स०

1261 शकॢ शक्तौ । be able, be powerful

5c 15 शकॢँ । शक् । शक्नोति । P । अनिट् । अ०

1262 राध (संसिद्धौ) । be complete, be perfect

5c 16 राधँ । राध् । राध्नोति । P । अनिट् । अ०

1263 साध संसिद्धौ । complete, perfect

5c 17 साधँ । साध् । साध्नोति । P । अनिट् । स०

दुनोतिप्रभृतयोऽनुदात्ताः परस्मैभाषाः । अथ द्वौ आत्मनेपदिनौ ।

1264 अशू व्याप्तौ सङ्घाते च । pervade, obtain, accumulate

5c 18 अशूँ । अश् । अश्नुते । A । वेट् । स०*

1265 ष्टिघ आस्कन्दने । surround, assail

5c 19 ष्टिघँ । स्तिघ् । स्तिघ्नुते । A । सेट् । स०

अशिस्तिघी उदात्तावनुदात्तेत्तावात्मनेभाषौ ।

अथ आगणान्ताः परस्मैपदिनः षोडश ।

1266 तिक (गतौ च) । attack, go

5c 20 तिकँ । तिक् । तिक्नोति । P । सेट् । स०

1267 तिग गतौ च । attack, go

5c 21 तिगँ । तिग् । तिग्नोति । P । सेट् । स०

1268 षघ हिंसायाम् । hit, cause pain

5c 22 षघँ । सघ् । सघ्नोति । P । सेट् । स०

1269 ञिधृषा प्रागल्भ्ये । be bold, be courageous, be confident

5c 23 ञिधृषाँ । धृष् । धृष्णोति । P । सेट् । अ०

1270 दम्भु दम्भने । 6.4.24 अनिदितां हल उपधायाः क्ङिति इति न् लोपः । be hypocrite, cheat, masquerade

5c 24 दम्भुँ । दम्भ् । दभ्नोति । P । सेट् । स०

1271 ऋधु वृद्धौ । तृप प्रीणने इत्येके । prosper, increase, thrive, propitiate

5c 25 ऋधुँ । ऋध् । ऋध्नोति । P । सेट् । अ०

छन्दसि । गणसूत्र । अथ आगणान्ताश्छान्दसाः ।

1272 अह व्याप्तौ । छान्दसः । pervade

5c 26 अहँ । अह् । अह्नोति । P । सेट् । स०

1273 दघ घातने पालने च । छान्दसः । strike, bring up

5c 27 दघँ । दघ् । दघ्नोति । P । सेट् । स०

1274 चमु भक्षणे । छान्दसः । drink, sip, take holy water

5c 28 चमुँ । चम् । चम्नोति । P । सेट् । स०

1275 रि (हिंसायाम्) । छान्दसः । रि+क्षि -> रिक्षिणोति वा ऋक्षिणोति ।
give pain, traumatize
5c 29 रि । रि । रिणोति । P । अनिट् । स०

1276 क्षि (हिंसायाम्) । छान्दसः । रि+क्षि -> रिक्षिणोति वा ऋक्षिणोति ।
destroy, wound, cut to pieces, torture
5c 30 क्षि । क्षि । क्षिणोति । P । अनिट् । स०

1277 चिरि (हिंसायाम्) । छान्दसः । cause hurt, torture
5c 31 चिरि । चिरि । चिरिणोति । P । सेट् । स०

1278 जिरि (हिंसायाम्) । छान्दसः । cause hurt, torture
5c 32 जिरि । जिर् । जिरिणोति । P । सेट् । स०

1279 दाश (हिंसायाम्) । छान्दसः । kill
5c 33 दाशँ । दाश् । दाश्नोति । P । सेट् । स०

1280 दृ हिंसायाम् । छान्दसः । give pain, traumatize
5c 34 दृ । दृ । दृणोति । P । अनिट् । स०

क्षिर् भाषायाम् इत्येके । ऋक्षीत्येक एवाजादिरित्येके । रेफवानित्यन्ये ।
तिकादय उदात्ता उदात्तेतः परस्मैभाषाः । वृत् ।
॥ इति श्नु विकरणाः स्वादयः ॥

अथ तुदादिः

अथ षड् उभयपदिनः ।

1281 तुद व्यथने । strike, give pain

6c 1 तुदँ । तुद् । तुदति / ते । U । अनिट् । स०

1282 णुद प्रेरणे । send, go

6c 2 णुदँ । नुद् । नुदति / ते । U । अनिट् । स०

1283 दिश अतिसर्जने । show, grant

6c 3 दिशँ । दिश् । दिशति / ते । U । अनिट् । स०

1284 भ्रस्ज पाके । 6.1.16 ग्रहि० इति सम्प्रसारणम् । 8.4.40 स्तोः० इति श्चुत्वम् । 8.4.53 झलां० इति जश्त्वम् । fry, roast

6c 4 भ्रस्जँ । भ्रस्ज् । भृज्जति / ते । U । अनिट् । स०

1285 क्षिप प्रेरणे । throw, cast,send, dispatch, blame

6c 5 क्षिपँ । क्षिप् । क्षिपति / ते । U । अनिट् । स०

1286 कृष विलेखने । plough

6c 6 कृषँ । कृष् । कृषति / ते । U । अनिट् । स०

तुदादयोऽनुदात्ताः स्वरितेत उभयतोभाषाः ।

1287 ऋषी गतौ । उदात्त उदात्तेत् परस्मैपदी । go,approach,flow, glide

6c 7 ऋषीँ । ऋष् । ऋषति । P । सेट् । स०

अथ चत्वार आत्मनेपदिनः ।

1288 जुषी प्रीतिसेवनयोः । please, serve

6c 8 जुषीँ । जुष् । जुषते । A । सेट् । स०

1289 ओविजी भयचलनयोः । उत् पूर्वकः । fear, shake

6c 9 ओँ विजीँ । विज् । उद्विजते । A । सेट् । अ०

1290 ओलजी (व्रीडायाम्) । be ashamed

6c 10 ओँलजीँ । लज् । लजते । A । सेट् । अ०

1291 ओलस्जी व्रीडायाम् । 8.4.40 स्तोः० इति श्चुत्वम् । 8.4.53 झलां० इति जश्त्वम् । be ashamed, be scared

6c 11 ओँलस्जीँ । लस्ज् । लज्जते । A । सेट् । अ०

जुषादय उदात्ता अनुदात्तेत आत्मनेभाषाः । अथ परस्मैपदिनः ।

1292 ओव्रश्चू छेदने । 6.1.16 ग्रहि० इति सम्प्रसारणम् । cut, tear, lacerate

6c 12 ओँव्रश्चूँ । व्रश्च् । वृश्चति । P । वेट् । स०

1293 व्यच व्याजीकरणे । 6.1.16 ग्रहि० इति सम्प्रसारणम् । deceive, cheat

6c 13 व्यचँ । व्यच् । विचति । P । सेट् । स०

1294 उछि उञ्छे । glean

6c 14 उछिँ । उञ्छ् । उञ्छति । P । सेट् । स०

1295 उछी विवासे । finish, leave

6c 15 उछीँ । उच्छ् । उच्छति । P । सेट् । स०

1296 ऋच्छ गतीन्द्रियप्रलयमूर्तिभावेषु । ऋछ । go, fail in faculties, become hard

6c 16 ऋच्छँ । ऋच्छ् । ऋच्छति । P । सेट् । अ०

1297 मिच्छ उत्क्लेशे । मिछ । hurt, oppress, restrict

6c 17 मिच्छँ । मिच्छ् । मिच्छति । P । सेट् । स०

1298 जर्ज (परिभाषणभर्त्सनयोः) । speak,denounce,speak ill of, blame

6c 18 जर्जँ । जर्ज् । जर्जति । P । सेट् । स०

1299 चर्च (परिभाषणभर्त्सनयोः) । discuss, converse, abuse, condemn

6c 19 चर्चँ । चर्च् । चर्चति । P । सेट् । स०

1300 झर्झ परिभाषणभर्त्सनयोः । utter, say, blame, badmouth, injure

6c 20 झर्झँ । झर्झ् । झर्झति । P । सेट् । स०

1301 त्वच संवरणे । cover, envelope

6c 21 त्वचँ । त्वच् । त्वचति । P । सेट् । स०

1302 ऋच स्तुतौ । shine, praise

6c 22 ऋचँ । ऋच् । ऋचति । P । सेट् । स०

1303 उब्ज आर्जवे । make straight, behave rightly, be subdued

6c 23 उब्जँ । उब्ज् । उब्जति । P । सेट् । अ०

1304 उज्झ उत्सर्गे । abandon

6c 24 उज्झँ । उज्झ् । उज्झति । P । सेट् । स०

1305 लुभ विमोहने । be confused, have amnesia, lose memory

6c 25 लुभँ । लुभ् । लुभति । P । सेट् । स०

1306 रिफ कत्थनयुद्धनिन्दाहिंसादानेषु । रिह इत्येके । speak roughly, utter harshly, fight, blame

6c 26 रिफँ । रिफ् । रिफति । P । सेट् । स०

1307 तृप (तृप्तौ) । satisfy, be satisfied

6c 27 तृपँ । तृप् । तृपति । P । सेट् । स०

1308 तृम्फ तृप्तौ ।6.4.24 अनिदितां० इति न् लोपः । वा० शे तृम्फादीनां नुम्वाच्यः इति पुनः नुम् आगमः । satisfy, be satisfied

6c 28 तृम्फँ । तृम्फ् । तृम्फति । P । सेट् । अ०

द्वावपि फान्तावित्येके ।

1309 तुप (हिंसायाम्) । hurt, cause pain

6c 29 तुपँ । तुप् । तुपति । P । सेट् । स०

1310 तुम्प (हिंसायाम्) ।6.4.24 अनिदितां० इति न् लोपः ।वा० शे
तृम्फादीनां इति नुम्वाच्यः इति पुनः नुम् आगमः । hurt, strike
6c 30 तुम्पँ । तुम्प् । तुम्पति । P । सेट् । स०

1311 तुफ हिंसायाम् । hurt, cause pain
6c 31 तुफँ । तुफ् । तुफति । P । सेट् । स०

1312 तुम्फ हिंसायाम् । hurt, strike
6c 32 तुम्फँ । तुम्फ् । तुम्फति । P । सेट् । स०

1313 दृप (उत्क्लेशे) । hurt
6c 33 दृपँ । दृप् । दृपति । P । सेट् । अ०

1314 दृम्फ उत्क्लेशे ।प्रथमोऽपि द्वितीयान्त इत्येके । cause pain
6c 34 दृम्फँ । दृम्फ् । दृम्फति । P । सेट् । अ०

1315 ऋफ (हिंसायाम्) । kill, cause pain
6c 35 ऋफँ । ऋफ् । ऋफति । P । सेट् । स०

1316 ऋम्फ हिंसायाम् । kill
6c 36 ऋम्फँ । ऋम्फ् । ऋम्फति । P । सेट् । स०

1317 गुफ (ग्रन्थे) । string together, weave, tie, compose
6c 37 गुफँ । गुफ् । गुफति । P । सेट् । स०

1318 गुम्फ ग्रन्थे । string together, weave, tie, compose
6c 38 गुम्फँ । गुम्फ् । गुम्फति । P । सेट् । स०

1319 उभ (पूरणे) । fill with, cover over, confine
6c 39 उभँ । उभ् । उभति । P । सेट् । स०

1320 उम्भ पूरणे । fill with, cover over
6c 40 उम्भँ । उम्भ् । उम्भति । P । सेट् । स०

1321 शुभ (शोभार्थे) । be beautiful, be handsome
6c 41 शुभँ । शुभ् । शुभति । P । सेट् । अ०

1322 शुम्भ शोभार्थे । be beautiful, be handsome
6c 42 शुम्भँ । शुम्भ् । शुम्भति । P । सेट् । अ०

1323 दृभी ग्रन्थे । compose, string
6c 43 दृभीँ । दृभ् । दृभति । P । सेट् । स०

1324 चृती हिंसाश्रन्थनयोः । हिंसाग्रन्थनयोः । hurt, tie, bind, connect
6c 44 चृतीँ । चृत् । चृतति । P । सेट् । स०

1325 विध विधाने । arrange, sequence, be in order
6c 45 विधँ । विध् । विधति । P । सेट् । स०

1326 जुड गतौ ।जुन इत्येके । go, run, go speedily
6c 46 जुडँ । जुड् । जुडति । P । सेट् । स०

1327 मृड सुखने । be merry, rejoice
6c 47 मृडँ । मृड् । मृडति । P । सेट् । स०*

1328 पृड च । सुखने । enjoy, be satisfied
6c 48 पृडँ । पृड् । पृडति । P । सेट् । स०*

1329 पृण प्रीणने । enjoy, be satisfied
6c 49 पृणँ । पृण् । पृणति । P । सेट् । अ०

1330 वृण च ।प्रीणने । enjoy, feel encouraged
6c 50 वृणँ । वृण् । वृणति । P । सेट् । अ०

1331 मृण हिंसायाम् । kill, slay
6c 51 मृणँ । मृण् । मृणति । P । सेट् । स०

1332 तुण कौटिल्ये । be uneven, be indecent, be improper
6c 52 तुणँ । तुण् । तुणति । P । सेट् । अ०

1333 पुण कर्मणि शुभे । act virtuously
6c 53 पुणँ । पुण् । पुणति । P । सेट् । अ०

1334 मुण प्रतिज्ञाने । promise, vow, give word
6c 54 मुणँ । मुण् । मुणति । P । सेट् । स०

1335 कुण शब्दोपकरणयोः । sound, aid
6c 55 कुणँ । कुण् । कुणति । P । सेट् । अ०*

1336 शुन गतौ । move
6c 56 शुनँ । शुन् । शुनति । P । सेट् । स०

1337 द्रुण हिंसागतिकौटिल्येषु । cause pain, move closer, be curved
6c 57 द्रुणँ । द्रुण् । द्रुणति । P । सेट् । स०*

1338 घुण (भ्रमणे) । roll, wheel, stagger, reel
6c 58 घुणँ । घुण् । घुणति । P । सेट् । अ०

1339 घूर्ण भ्रमणे । whirl, turn round, revolve
6c 59 घूर्णँ । घूर्ण् । घूर्णति । P । सेट् । अ०

1340 षुर ऐश्वर्यदीप्त्योः । have incredible valour, shine
6c 60 षुरँ । सुर् । सुरति । P । सेट् । अ०

1341 कुर शब्दे । sound
6c 61 कुरँ । कुर् । कुरति । P । सेट् । अ०

1342 खुर छेदने । cut, saw, clip, trim, scratch
6c 62 खुरँ । खुर् । खुरति । P । सेट् । स०

1343 मुर संवेष्टने । encircle, surround

6c 63 मुरँ । मुर् । मुरति । P । सेट् । स०

1344 क्षुर विलेखने । scratch, draw lines, make furrows

6c 64 क्षुरँ । क्षुर् । क्षुरति । P । सेट् । स०

1345 घुर भीमार्थशब्दयोः । be fierce, make a noise, snore, snort, grunt

6c 65 घुरँ । घुर् । घुरति । P । सेट् । अ०

1346 पुर अग्रगमने । precede, be in front, be at head

6c 66 पुरँ । पुर् । पुरति । P । सेट् । अ०

1347 वृहू उद्यमने । बृहू इत्यन्ये । endeavour, attempt

6c 67 वृहूँ । वृह् । वृहति । P । वेट् । अ०

1348 तृहू (हिंसायाम्) । crush, torture

6c 68 तृहूँ । तृह् । तृहति । P । वेट् । स०

1349 स्तृहू (हिंसायाम्) । स्तृंहू इति क्षीरतरङ्गिणी । hurt, harm, injure

6c 69 स्तृहूँ । स्तृह् । स्तृहति । P । वेट् । स०

1350 तृंहू हिंसार्थाः । 6.4.24 न् लोपः । crush, torture

6c 70 तृंहूँ । तृंह् । तृंहति । P । वेट् । स०

1351 इष इच्छायाम् । केचित् उदितं पठन्ति (इषु) । 7.3.77 इषुगमियमां छः । 6.1.73 छे च । इति तुँक् आगमः । wish, want

6c 71 इषँ । इष् । इच्छति । P । सेट् । स०

1352 मिष स्पर्धायाम् । open eyes, make rivalry

6c 72 मिषँ । मिष् । मिषति । P । सेट् । अ०

1353 किल श्वैत्यक्रीडनयोः । become white, sport

6c 73 किलँ । किल् । किलति । P । सेट् । अ०

1354 तिल स्नेहने । स्नेहे ।anoint, be oily
6c 74 तिलँ । तिल् । तिलति । P । सेट् । अ०

1355 चिल वसने । put on clothes, dress
6c 75 चिलँ । चिल् । चिलति । P । सेट् । स०

1356 चल विलसने । play, sport
6c 76 चलँ । चल् । चलति । P । सेट् । अ०

1357 इल स्वप्नक्षेपणयोः । sleep, throw, go
6c 77 इलँ । इल् । इलति । P । सेट् । स०*

1358 विल संवरणे ।(बिल) । cover, conceal, break, divide
6c 78 विलँ । विल् । विलति । P । सेट् । स०

1359 बिल भेदने । make hole, pierce, split
6c 79 बिलँ । बिल् । बिलति । P । सेट् । स०

1360 णिल गहने । misunderstand, be impenetrable
6c 80 णिलँ । निल् । निलति । P । सेट् । स०

1361 हिल भावकरणे । sport amorously, romance
6c 81 हिलँ । हिल् । हिलति । P । सेट् । अ०

1362 शिल (उञ्छे) । glean
6c 82 शिलँ । शिल् । शिलति । P । सेट् । स०

1363 षिल उञ्छे । glean, garner
6c 83 षिलँ । सिल् । सिलति । P । सेट् । स०

1364 मिल श्लेषणे । meet, unite, join
6c 84 मिलँ । मिल् । मिलति । P । सेट् । स०

1365 लिख अक्षरविन्यासे । write, pen down

6c 85 लिखँ । लिख् । लिखति । P । सेट् । स०

अथ कुटादि अन्तर्गणः । 1.2.1 **गाङ्कुटादिभ्यः अञ्णित् ङित्** ।

1366 कुट कौटिल्ये । curve, cheat

6c 86 कुटँ । कुट् । कुटति । P । सेट् । अ०

1367 पुट संश्लेषणे । clasp, embrace, be in touch, bind

6c 87 पुटँ । पुट् । पुटति । P । सेट् । स०

1368 कुच सङ्कोचने । प्रायेण सम् पूर्वकः । contract, coo loudly

6c 88 कुचँ । कुच् । सङ्कुचति । P । सेट् । अ०

1369 गुज शब्दे । hum, buzz

6c 89 गुजँ । गुज् । गुजति । P । सेट् । अ०

1370 गुड रक्षायाम् । protect, guide, create

6c 90 गुडँ । गुड् । गुडति । P । सेट् । स०

1371 डिप क्षेपे । send, throw, fly, backbite

6c 91 डिपँ । डिप् । डिपति । P । सेट् । स०

1372 छुर छेदने । cut, divide, slice

6c 92 छुरँ । छुर् । छुरति । P । सेट् । स०

1373 स्फुट विकसने । bloom, explode

6c 93 स्फुटँ । स्फुट् । स्फुटति । P । सेट् । अ०

1374 मुट आक्षेपमर्दनयोः । rub, blame, abuse

6c 94 मुटँ । मुट् । मुटति । P । सेट् । अ०

1375 त्रुट छेदने । 3.1.70 **इति वा श्यन्** । tear, snap, split, break, clear doubt

6c 95 त्रुटँ । त्रुट् । त्रुट्यति, त्रुटति । P । सेट् । स०

143

1376 तुट कलहकर्मणि । quarrel, hurt
6c 96 तुटँ । तुट् । तुटति । P । सेट् । स०

1377 चुट (छेदने) । cut, trim, strike, be small, be artless, naive
6c 97 चुटँ । चुट् । चुटति । P । सेट् । स०

1378 छुट छेदने । cut, pierce, make lesser
6c 98 छुटँ । छुट् । छुटति । P । सेट् । स०

1379 जुड बन्धने । जुट केचित्। go, bind, make hairdo, make braid
6c 99 जुडँ । जुड् । जुडति । P । सेट् । स०

1380 कड मदे । be proud
6c 100 कडँ । कड् । कडति । P । सेट् । अ०*

1381 लुट संश्लेषणे ।लुठ इत्येके ।लुड इत्यन्ये । join, cling, club, adhere to
6c 101 लुटँ । लुट् । लुटति । P । सेट् । स०

1382 कृड घनत्वे । solidify, freeze, be firm
6c 102 कृडँ । कृड् । कृडति । P । सेट् । अ०

1383 कुड बाल्ये । play, act as a child, eat, collect
6c 103 कुडँ । कुड् । कुडति । P । सेट् । अ०

1384 पुड उत्सर्गे । quit, leave, cover
6c 104 पुडँ । पुड् । पुडति । P । सेट् । स०

1385 घुट प्रतिघाते । resist, protest, retaliate
6c 105 घुटँ । घुट् । घुटति । P । सेट् । स०*

1386 तुड तोडने । pluck, split, hurt, cut
6c 106 तुडँ । तुड् । तुडति । P । सेट् । स०

1387 थुड (संवरणे) । cover, wrap

6c 107 थुडँ । थुड् । थुडति । P । सेट् । स०

1388 स्थुड संवरणे । खुड छुड इत्येके । put on dress, cover, drape

6c 108 स्थुडँ । स्थुड् । स्थुडति । P । सेट् । स०

1389 स्फुर (सञ्चलने) । 6.1.47 स्फुरतिस्फुलत्योः घञि । throb

6c 109 स्फुरँ । स्फुर् । स्फुरति । P । सेट् । अ०

1390 स्फुल सञ्चलने । स्फुर स्फुरणे । स्फल सञ्चलने इत्येके । स्फर इत्यन्ये । quiver, throb

6c 110 स्फुलँ । स्फुल् । स्फुलति । P । सेट् । अ०

1391 स्फुड (संवरणे) । cover, envelope

6c 111 स्फुडँ । स्फुड् । स्फुडति । P । सेट् । स०

1392 चुड (संवरणे) । surround, cover, hide

6c 112 चुडँ । चुड् । चुडति । P । सेट् । स०

1393 व्रुड संवरणे । ब्रुड इत्येक । drown, make a heap, cover

6c 113 व्रुडँ । व्रुड् । व्रुडति । P । सेट् । स०

1394 क्रुड (निमज्जने) । sink, eat, be firm, attempt like a child

6c 114 क्रुडँ । क्रुड् । क्रुडति । P । सेट् । अ०

1395 भृड निमज्जन इत्येके । sink, plunge, think deeply

6c 115 भृडँ । भृड् । भृडति । P । सेट् । अ०

व्रश्चादय उदात्ता उदात्तेतः परस्मैभाषाः ।

1396 गुरी उद्यमने । उदात्तोऽनुदात्तेदात्मनेपदी । make effort, exert, be industrious

6c 116 गुरीँ । गुर् । गुरते । A । सेट् । अ०

अथ चत्वारः परस्मैपदिनः ।

1397 णू स्तवने ।6.4.77 अचि श्नु-धातु-भ्रुवां य्वोरियङुवङौ । praise

6c 117 णू । नू । नुवति । P । सेट् । स०

1398 धू विधूनने ।6.4.77 अचि श्नु० ।scratch, be scratched

6c 118 धू । धू । धुवति । P । सेट् । स०

उदात्तौ परस्मैभाषाः ।

1399 गु पुरीषोत्सर्गे ।6.4.77 अचि श्नु० । empty by stool, excrete

6c 119 गु । गु । गुवति । P । अनिट् । अ०

1400 ध्रु गतिस्थैर्ययोः । ध्रुव ।6.4.77 अचि श्नु० ।go, be firm

6c 120 ध्रु । ध्रु । ध्रुवति । P । अनिट् । अ०*

1401 कुङ् शब्दे ।उदात्त आत्मनेपदी ।कूङ् ।दीर्घान्त इति कैयटादयः । ह्रस्वान्त इति न्यासः ।6.4.77 अचि श्नु० ।cry out, moan, groan

6c 121 कुङ् । कु । कुवते । A । अनिट् । अ०

वृत् । कुटादयः गताः ।

1402 पृङ् व्यायामे ।प्रायेण व्याङ् पूर्वः ।7.4.28 रिङ्शयग्लिङ्क्षु । 6.4.77 अचि श्नु० । be busy, be active

6c 122 पृङ् । पृ । व्याप्रियते । A । अनिट् । अ०

1403 मृङ् प्राणत्यागे ।6.4.77 अचि श्नु० ।die, be deceased

6c 123 मृङ् । मृ । म्रियते । A । अनिट् । अ०

अनुदात्तावात्मनेभाषौ । अथ परस्मैपदिनः सप्त ।

1404 रि (गतौ) ।6.4.77 अचि श्नु० । go, move

6c 124 रि । रि । रियति । P । अनिट् । स०

1405 पि गतौ । 6.4.77 अचि श्नु० ।go, move

6c 125 पि । पि । पियति । P । अनिट् । स०

1406 धि धारणे । 6.4.77 अचि श्नु० । possess, hold

6c 126 धि॒ । धि । धियति । P । अनिट् । स०

1407 क्षि निवासगत्योः । 6.4.77 अचि श्नु० । dwell, move, live

6c 127 क्षि॒ । क्षि । क्षियति । P । अनिट् । स०

रियत्यादयोऽनुदात्ताः परस्मैभाषाः ।

1408 षू प्रेरणे । 6.4.77 अचि श्नु० । excite, invoke, urge

6c 128 षू । सू । सुवति । P । सेट् । स०

अथ किरादि अन्तर्गणः । 7.2.75 किरश्च पञ्चभ्यः । इति इट् सनि ।

1409 कॄ विक्षेपे । 7.1.100 ॠत इद् धातोः । scatter,pour,throw

6c 129 कॄ । कॄ । किरति । P । सेट् । स०

1410 गॄ निगरणे । रेफस्य लत्वं वा स्यात् । swallow,emit, eject, pour out

6c 130 गॄ । गॄ । गिरति,गिलति । P । सेट् । स०

षू–आदयः उदात्ताः परस्मैभाषाः ।

1411 दृङ् आदरे । प्रायेण आङ् पूर्वकः । 6.4.77 अचि श्नु० । respect,honour

6c 131 दृ॒ङ् । दृ । आद्रियते । A । अनिट् । स०

1412 धृङ् अवस्थाने । 6.4.77 अचि श्नु० । live, exist, remain, survive

6c 132 धृ॒ङ् । धृ । ध्रियते । A । अनिट् । अ०

अनुदात्तावात्मनेभाषौ । अथ षोडश परस्मैपदिनः ।

1413 प्रच्छ ज्ञीप्सायाम् । 6.1.16 ग्रहि० इति सम्प्रसारणम् । ask,enquire

6c 133 प्र॒च्छँ । प्रच्छ् । पृच्छति । P । अनिट् । द्वि०

वृत् । किरादयः गताः ।

1414 सृज विसर्गे । create, set free

6c 134 सृ॒जँ । सृज् । सृजति । P । अनिट् । स०

1415 टुमस्जो शुद्धौ । 8.4.40 स्तोः० इति श्चुत्वम् । 8.4.53 झलां० इति जश्त्वम् । bathe, drown, purify, sink, immerse

6c 135 टुमस्जोँ । मस्ज् । मज्जति । P । अनिट् । अ०

1416 रुजो भङ्गे । be hurt, be ill, break into pieces

6c 136 रुजोँ । रुज् । रुजति । P । अनिट् । स०

1417 भुजो कौटिल्ये । curve, bend

6c 137 भुजोँ । भुज् । भुजति । P । अनिट् । अ०

1418 छुप स्पर्शे । touch

6c 138 छुपँ । छुप् । छुपति । P । अनिट् । स०

1419 रुश (हिंसायाम्) । injure, harm, hurt

6c 139 रुशँ । रुश् । रुशति । P । अनिट् । स०

1420 रिश हिंसायाम् । injure, harm, hurt

6c 140 रिशँ । रिश् । रिशति । P । अनिट् । स०

1421 लिश गतौ । go, move

6c 141 लिशँ । लिश् । लिशति । P । अनिट् । स०

1422 स्पृश संस्पर्शने । touch, contact with hand

6c 142 स्पृशँ । स्पृश् । स्पृशति । P । अनिट् । स०

1423 विच्छ गतौ । 3.1.28 गुपूधूपविच्छि० इति स्वार्थे आयः । 6.1.73 छे च इति तुँक् आगमः । go, move

6c 143 विच्छँ । विच्छ् । विच्छायति । P । सेट् । स०

1424 विश प्रवेशने । enter, enter into a hole

6c 144 विशँ । विश् । विशति । P । अनिट् । स०

1425 मृश आमर्शने । स्पर्शने । rub, stroke, touch, handle

6c 145 मृशँ । मृश् । मृशति । P । अनिट् । स०

1426 णुद प्रेरणे । impel, push, incite

6c 146 णुदँ । नुद् । नुदति । P । अनिट् । स०

1427 षद्लृ विशरणगत्यवसादनेषु । 7.3.78 पा० इति सीद आदेशः । sit, sink, be weary, dry up, wither, plunge

6c 147 षद्लृ । सद् । सीदति , उप+नि+सद । P । अनिट् । स०

1428 शद्लृ शातने । 7.3.78 पा० इति शीयः आदेशः । आत्मनेपदी । decay, fall, wither

6c 148 शद्लृ । शद् । शीयते । P* । अनिट् । अ०

पृच्छत्यादयोऽनुदात्ता उदात्तेतः परस्मैभाषाः । विच्छस्तूदात्तः । अथ षट् स्वरितेतः ।

1429 मिल सङ्गमे । उदात्तः स्वरितेदुभयतोभाषः । meet, unite, join

6c 149 मिलँ । मिल् । मिलति / ते । U । सेट् । अ०*

अथ मुचादि अन्तर्गणः । 7.1.59 शे मुचादीनाम्। इति नुँम् आगमः।

1430 मुच्लृ मोक्षणे । release, free, loosen

6c 150 मुच्लृँ । मुच् । मुञ्चति / ते । U । अनिट् । स०

1431 लुप्लृ छेदने । grate, violate, destroy, cut, break

6c 151 लुप्लृँ । लुप् । लुम्पति / ते । U । अनिट् । स०

1432 विद्लृ लाभे । 7.2.68 विभाषा गमहनविदविशाम् । इति विकल्प इट् । find, acquire, get

6c 152 विद्लृँ । विद् । विन्दति / ते । U । अनिट्* । स०

1433 लिप उपदेहे । anoint, smear

6c 153 लिपँ । लिप् । लिम्पति / ते । U । अनिट् । स०

1434 षिच क्षरणे । sprinkle, water

6c 154 षिचँ । सिच् । सिञ्चति / ते । U । अनिट् । स०

मुचादयोऽनुदात्ताः स्वरितेत उभयतोभाषाः । विन्दतिस्तूदात्तः ।

1435 कृती छेदने । उदात्त उदात्तेत् परस्मैपदी । cut, divide

6c 155 कृतीँ । कृत् । कृन्तति । P । सेट् । स०

1436 खिद परिघाते । अनुदात्त उदात्तेत् परस्मैपदी । strike, afflict

6c 156 खिदँ । खिद् । खिन्दति । P । अनिट् । स०

1437 पिश अवयवे । अयं दीपनायामपि । उदात्त उदात्तेत् परस्मैपदी । pound, pulverize

6c 157 पिशँ । पिश् । पिंशति । P । सेट् । अ०

वृत् । मुचादयः गताः ।

॥ इति श विकरणा तुदादयः ॥

अथ रुधादिः

आद्या नव स्वरितेतः ।

1438 रुधिर् आवरणे । 1.1.47 मिदचोऽन्यात् परः इति श्नम् मित् विकरणः व्यवस्था । 6.4.111 श्नसोरल्लोपः । obstruct, stop, surround

7c 1 रुधिँर् । रुध् । रुणद्धि / रुन्धे । U । अनिट् । द्वि०

1439 भिदिर् विदारणे । cleave, split, tear

7c 2 भिदिँर् । भिद् । भिनत्ति/भिन्ते । U । अनिट् । स०

1440 छिदिर् द्वैधीकरणे । cut, lop off, tear, pierce

7c 3 छिदिँर् । छिद् । छिनत्ति/छिन्ते । U । अनिट् । स०

1441 रिचिर् विरेचने । empty, evacuate bowels

7c 4 रिचिँर् । रिच् । रिणक्ति/रिङ्क्ते । U । अनिट् । स०

1442 विचिर् पृथग्भावे । sift, separate, let go

7c 5 विचिँर् । विच् । विनक्ति /विङ्क्ते । U । अनिट् । स०

1443 क्षुदिर् सम्पेषणे । सम्प्रेषणे । strike against, pound, crush, trample

7c 6 क्षुदिँर् । क्षुन्द् । क्षुणत्ति / क्षुन्ते । U । अनिट् । स०

1444 युजिर् योगे । योगः । join, unite, become one, be ready

7c 7 युजिँर् । युज् । युनक्ति / युङ्क्ते । U । अनिट् । स०

रुधादयोऽनुदात्ताः स्वरितेत उभयतोभाषाः ।

1445 उछृदिर् दीप्तिदेवनयोः । kindle, shine, play

7c 8 उँछृदिँर् । छृद् । छृणत्ति / छृन्ते । U । सेट् । स०

1446 उतृदिर् हिंसाऽनादरयोः । kill, disrespect, give pain

7c 9 उँतृदिँर् । तृद् । तृणत्ति / तृन्ते । U । सेट् । स०

उदात्तौ स्वरितेतावुभयतोभाषौ ।

1447 कृती वेष्टने ।उदात्त उदात्तेत् परस्मैपदी । surround

7c 10 कृतीँ । कृत् । कृणत्ति । P । सेट् । स०

1448 ञिइन्धी दीप्तौ ।उदात्तोऽनुदात्तेदात्मनेपदी ।6.4.23 श्नान्नलोपः । अयम् इजादि गुरुमान् । shine, kindle, set afire

7c 11 ञिइन्धीँ । इन्ध् । इन्धे । A । सेट् । अ०

1449 खिद दैन्ये । be depressed, suffer pain

7c 12 खिदँ । खिद् । खिन्ते । A । अनिट् । अ०

1450 विद विचारणे ।think, reflect, meditate

7c 13 विदँ । विद् । विन्ते । A । अनिट् । स०

अनुदात्तावनुदात्तेतावात्मनेपदिनौ ।अथ परस्मैपदिनः ।

1451 शिषॢ विशेषणे । separate, classify

7c 14 शिषॢँ । शिष् । शिनष्टि । P । अनिट् । स०

1452 पिषॢ सञ्चूर्णने । grind, make powder

7c 15 पिषॢँ । पिष् । पिनष्टि । P । अनिट् । स०

1453 भञ्जो आमर्दने ।6.4.23 श्नान्नलोपः । break, destroy

7c 16 भञ्जोँ । भञ्ज् । भनक्ति । P । अनिट् । स०

1454 भुज पालनाभ्यवहारयोः ।अयम् अशने तु आत्मनेपदी ।protect, nurture, eat, enjoy

7c 17 भुजँ । भुज् । भुनक्ति / (भुङ्क्ते) । P* । अनिट् । स०

शिषादयोऽनुदात्ता उदात्तेतः परस्मैभाषाः ।

1455 तृह (हिंसायाम्) । 8.2.31 हो ढः ।kill

7c 18 तृहँ । तृह् । तृणेढि । P । सेट् । स०

1456 हिसि हिंसायाम् । strike, give pain

7c 19 हिसिँ । हिंस् । हिनस्ति । P । सेट् । स०

1457 उन्दी क्लेदने । 6.4.23 श्नान्नलोपः । अयम् इजादि गुरुमान् । wet, moisten, bathe

7c 20 उन्दीँ । उन्द् । उनत्ति । P । सेट् । स०

1458 अञ्जू व्यक्तिम्रक्षणकान्तिगतिषु । मर्षण । make clear, clean, anoint, decorate, go

7c 21 अञ्जूँ । अञ्ज् । अनक्ति । P । वेट् । स०

1459 तञ्चू सङ्कोचने । तञ्चु तञ्जू । 6.4.23 श्नान्नलोपः । contract, doubt, hesitate

7c 22 तञ्चूँ । तञ्च् । तनक्ति । P । वेट् । स०

1460 ओविजी भयचलनयोः । shake with fear, be in trouble

7c 23 ओँ विजीँ । विज् । विनक्ति । P । सेट् । अ०

1461 वृजी वर्जने । let go, avoid, prevent

7c 24 वृजीँ । वृज् । वृणक्ति । P । सेट् । स०

1462 पृची सम्पर्के । touch, unite

7c 25 पृचीँ । पृच् । पृणक्ति । P । सेट् । स०

तृहादय उदात्ता उदात्तेतः परस्मैपदिनः । वृत् ।

॥ इति श्नम् विकरणा रुधादयः ॥

आद्याः सप्त स्वरितेतः ।

1463   तनु विस्तारे । spread, make expansive

   8c 1   तनुँ । तन् । तनोति/तनुते । U । सेट् । स०

1464   षणु दाने । offer, give, donate

   8c 2   षणुँ । सन् । सनोति/सनुते । U । सेट् । स०

1465   क्षणु हिंसायाम् । cause hurt, hit, trouble, tear

   8c 3   क्षणुँ । क्षण् । क्षणोति/क्षणुते । U । सेट् । स०

उप्रत्ययनिमित्तो लघूपधगुणः । परिभाषेन्दुशेखर Sutra 93
संज्ञापूर्वको विधिरनित्यः । इति न भवति इत्येके। भवति इति अन्ये ।

1466   क्षिणु च । हिंसायाम् । cause hurt

   8c 4   क्षिणुँ । क्षिण् । क्षेणोति / क्षेणुते, क्षिणोति/क्षिणुते । U । सेट् । स०

1467   ऋणु गतौ । go, wander

   8c 5   ऋणुँ । ऋण् । अर्णोति / अर्णुते, ऋणोति / ऋणुते । U । सेट् । स०

1468   तृणु अदने । eat grass, graze

   8c 6   तृणुँ । तृण् । तर्णोति/तर्णुते, तृणोति/तृणुते । U । सेट् । स०

1469   घृणु दीप्तौ । तनादय उदात्ताः स्वरितेत उभयतोभाषाः । shine, burn

   8c 7   घृणुँ । घृण् । घृणोति / घृणुते, घर्णोति / घर्णुते । U । सेट् । अ०

वृत् ।

1470   वनु याचने । अयं चन्द्रमते परस्मैपदी । beg, ask

   8c 8   वनुँ । वन् । वनुते /(वनोति) । A* । सेट् । स०

1471   मनु अवबोधने । उदात्तावनुदात्तेतावात्मनेभाषौ । know, understand

   8c 9   मनुँ । मन् । मनुते । A । सेट् । स०

1472   डुकृञ् करणे । अनुदात्त उभयतोभाषः । do, make, perform

   8c 10   डुकृञ् । कृ । करोति, कुरुते । U । अनिट् । स०

वृत् ॥ इति उ विकरणास्तनादयः ॥

अथ क्र्यादिः

1473 डुक्रीञ् द्रव्यविनिमये । buy, purchase, sell, barter, win

9c 1 डुक्री॒ञ् । क्री । क्रीणाति / क्रीणीते । U । अनिट् । स०

1474 प्रीञ् तर्पणे कान्तौ च । love, satisfy

9c 2 प्री॒ञ् । प्री । प्रीणाति / प्रीणीते । U । अनिट् । स०

1475 श्रीञ् पाके । cook, roast, dress, prepare, apply spices

9c 3 श्री॒ञ् । श्री । श्रीणाति / श्रीणीते । U । अनिट् । स०

1476 मीञ् हिंसायाम् । injure, bind, catch in net

9c 4 मी॒ञ् । मी । मीनाति / मीनीते । U । अनिट् । स०

1477 षिञ् बन्धने । tie, bind, catch in net

9c 5 षि॒ञ् । सि । सिनाति / सिनीते । U । अनिट् । स०

1478 स्कुञ् आप्रवणे । स्तम्भु स्तुम्भु स्कम्भु स्कुम्भु रोधन इत्येके । प्रथमतृतीयौ स्तम्भे इति माधवः । द्वितियो निष्कोषणे । चतुर्थो धारण इत्यन्ये । चत्वार इमे परस्मैपदिनः सौत्राश्च । 3.1.82 स्तम्भुस्तुम्भुस्कम्भुस्कुम्भुस्कुञ्भ्यः श्नुश्च । hop, leap, pick

9c 6 स्कु॒ञ् । स्कु । स्कुनाति / स्कुनीते, स्कुनोति / स्कुनुते । U । अनिट् । स०

1479 युञ् बन्धने । bind, tie, fasten

9c 7 यु॒ञ् । यु । युनाति / युनीते । U । अनिट् । स०

क्र्यादयोऽनुदात्ता उभयतोभाषाः ।

1480 क्नूञ् शब्दे । sound, utter

9c 8 क्नूञ् । क्नू । क्नूनाति / क्नूनीते । U । सेट् । अ०

1481 द्रूञ् हिंसायाम् । create violence

9c 9 द्रूञ् । द्रू । द्रूणाति / द्रूणीते । U । सेट् । स०

अथ प्वादि अन्तर्गणः । 7.3.80 प्वादीनां ह्रस्वः । इति शिति ।

1482 पूञ् पवने । begin, purify

9c 10 पूञ् । पू । पुनाति / पुनीते । U । सेट् । स०

अथ ल्वादि अन्तर्गणः । 8.2.44 ल्वादिभ्यः । इति निष्ठातः नः ।

1483 लूञ् छेदने । cut, sever, reap, begin

9c 11 लूञ् । लू । लुनाति / लुनीते । U । सेट् । स०

1484 स्तॄञ् आच्छादने । cover with shawl, wrap a cloth

9c 12 स्तॄञ् । स्तॄ । स्तृणाति / स्तृणीते । U । सेट् । स०

1485 कॄञ् हिंसायाम् । injure, kill

9c 13 कॄञ् । कॄ । कृणाति / कृणीते । U । सेट् । स०

1486 वॄञ् वरणे । like, choose, give shelter, provide for

9c 14 वॄञ् । वॄ । वृणाति / वृणीते । U । सेट् । स०

1487 धूञ् कम्पने । tremble, shake, be shaken

9c 15 धूञ् । धू । धुनाति / धुनीते । U । वेट् । स०

क्रूप्रभृतय उदात्ता उभयतोभाषाः । अथ बध्नात्यन्ताः परस्मैपदिनः ।

1488 शॄ हिंसायाम् । destroy, tear, hurt

9c 16 शॄ । शॄ । शृणाति । P । सेट् । स०

1489 पॄ पालनपूरणयोः । support, nurture, fulfill, fill

9c 17 पॄ । पॄ । पृणाति । P । सेट् । स०

1490 वॄ वरणे । भरण इत्येके । distribute, grant

9c 18 वॄ । वॄ । वृणाति । P । सेट् । स०

1491 भॄ भर्त्सने । भरणेऽप्येके । condemn, blame

9c 19 भॄ । भॄ । भृणाति । P । सेट् । स०

1492 मॄ हिंसायाम् । kill, give pain
9c 20 मॄ । मॄ । मृणाति । P । सेट् । स०

1493 दॄ विदारणे । break asunder, break into pieces, tear apart
9c 21 दॄ । दॄ । दृणाति । P । सेट् । स०

1494 जॄ वयोहानौ । झॄ इत्येके । धॄ इत्यन्ये । grow old, wear out
9c 22 जॄ । जॄ । जृणाति । P । सेट् । अ०

1495 नॄ नये । take away, carry
9c 23 नॄ । नॄ । नृणाति । P । सेट् । स०

1496 कॄ हिंसायाम् । injure, kill
9c 24 कॄ । कॄ । कृणाति । P । सेट् । स०

1497 ॠ गतौ । go, move
9c 25 ॠ । ॠ । ऋणाति । P । सेट् । स०

1498 गॄ शब्दे । call out, praise, invoke
9c 26 गॄ । गॄ । गृणाति । P । सेट् । अ०

शृणातिप्रभृतय उदात्ता उदात्तेतः परस्मैपदिनः ।

1499 ज्या वयोहानौ । 6.1.16 ग्रहि० इति सम्प्रसारणम् । become old, decay
9c 27 ज्या । ज्या । जिनाति । P । अनिट् । अ०

1500 री गतिरेषणयोः । go, cry like a wolf
9c 28 री । री । रिणाति । P । अनिट् । स०*

1501 ली श्लेषणे । obtain, be joined, be apt
9c 29 ली । ली । लिनाति । P । अनिट् । अ०

1502 व्ली वरणे । find out, like, choose, go, slip
9c 30 व्ली । व्ली । व्लिनाति । P । अनिट् । स०

1503 प्ली गतौ । go, move

9c 31 प्ली । प्ली । प्लिनाति । P । अनिट् । स०

वृत् । ल्वादयो गताः । प्वादयः अपि इत्येके ।

1504 व्री वरणे । choose, make hole

9c 32 व्री । व्री । व्रीणाति / (व्रिणाति) । P । अनिट् । स०

1505 भ्री भये । भरणे इत्येके । be afraid, be fearful

9c 33 भ्री । भ्री । भ्रीणाति/ (भ्रिणाति) । P । अनिट् । अ०*

1506 क्षीष् हिंसायाम् । kill, trouble

9c 34 क्षीष् । क्षी । क्षीणाति/ (क्षिणाति) । P । अनिट् । स०

According to Siddhanta Kaumudi प्वादयः is till here

1507 ज्ञा अवबोधने । 7.3.79 ज्ञाजनोर्जा । 1.3.44 अपह्नवे ज्ञः । know, understand, be acquainted, deny

9c 35 ज्ञा । ज्ञा । जानाति / (जानीते) । P* । अनिट् । स०

1508 बन्ध बन्धने । 6.4.24 अनिदितां हल उपधायाः क्ङिति । इति न् लोपः । bind, tie, fasten

9c 36 बन्धँ । बन्ध् । बध्नाति । P । अनिट् । स०

ज्यादयोऽनुदात्ता उदात्तेतः परस्मैभाषाः ।

1509 वृङ् सम्भक्तौ । उदात्त आत्मनेपदी । serve, nurse

9c 37 वृङ् । वृ । वृणीते । A । सेट् । स०

1510 श्रन्थ विमोचनप्रतिहर्षयोः । 6.4.24 अनिदितां० इति न् लोपः । release new product, delight

9c 38 श्रन्थँ । श्रन्थ् । श्रथ्नाति । P । सेट् । स०

1511 मन्थ विलोडने । 6.4.24 अनिदितां० इति न् लोपः । stir, churn, hurt

9c 39 मन्थँ । मन्थ् । मथ्नाति । P । सेट् । द्वि०

1512 श्रन्थ (सन्दर्भे) । 6.4.24 अनिदितां० इति न् लोपः । put together, compose, set in order

9c 40 श्रन्थँ । श्रन्थ् । श्रथ्नाति । P । सेट् । स०

1513 ग्रन्थ सन्दर्भे । 6.4.24 अनिदितां० इति न् लोपः । put together, compose

9c 41 ग्रन्थँ । ग्रन्थ् । ग्रथ्नाति । P । सेट् । स०

1514 कुन्थ संश्लेषणे । संक्लेशे इत्येके । कुथ इति दुर्गः । 6.4.24 अनिदितां० इति न् लोपः । embrace, stick together, be united

9c 42 कुन्थँ । कुन्थ् । कुथ्नाति । P । सेट् । स०

1515 मृद क्षोदे । grind, pulverise, pound, squeeze

9c 43 मृदँ । मृद् । मृद्नाति । P । सेट् । स०

1516 मृड च । क्षोदे । अयं सुखे अपि । grind, pulverise, pound, gladden

9c 44 मृडँ । मृड् । मृड्णाति । P । सेट् । स०

1517 गुध रोषे । be angry

9c 45 गुधँ । गुध् । गुध्नाति । P । सेट् । अ०

1518 कुष निष्कर्षे । extract, tear, treat, examine, make shiny

9c 46 कुषँ । कुष् । कुष्णाति । P । सेट् । स०

1519 क्षुभ सञ्चलने । tremble, be agitated

9c 47 क्षुभँ । क्षुभ् । क्षुभ्नाति । P । सेट् । अ०

1520 णभ (हिंसायाम्) । destroy, give pain

9c 48 णभँ । नभ् । नभ्नाति । P । सेट् । स०

1521 तुभ हिंसायाम् । kill, give pain

9c 49 तुभँ । तुभ् । तुभ्नाति । P । सेट् । स०

1522 क्लिशू विबाधने । torment, molest
9c 50 क्लिशूँ । क्लिश् । क्लिश्नाति । P । वेट् । स०*

1523 अश भोजने । eat, enjoy
9c 51 अशँ । अश् । अश्नाति । P । सेट् । स०

1524 उध्रस उञ्छे । क्षीरस्वामी उकारः धातु-अवयव इत्येके । न इति अन्ये । glean, separate one by one
9c 52 उँध्रसँ । ध्रस् । ध्रस्नाति, उध्रस्नाति । P । सेट् । स०

1525 इष आभीक्ष्ण्ये । repeat
9c 53 इषँ । इष् । इष्णाति । P । सेट् । स०

1526 विष विप्रयोगे । separate, take out
9c 54 वि॒षँ । विष् । विष्णाति । P । अनिट् । अ०

1527 प्रुष (स्नेहनसेवनपूरणेषु) । be calm, be dignified, be gentle, love, fulfill
9c 55 प्रुषँ । प्रुष् । प्रुष्णाति । P । सेट् । स०*

1528 प्लुष स्नेहनसेवनपूरणेषु । be calm, dignified,gentle, love, fulfill
9c 56 प्लुषँ । प्लुष् । प्लुष्णाति । P । सेट् । स०*

1529 पुष पुष्टौ । nurture, upbring, support
9c 57 पुषँ । पुष् । पुष्णाति । P । सेट् । स०

1530 मुष स्तेये । steal, strangle
9c 58 मुषँ । मुष् । मुष्णाति । P । सेट् । द्वि०

1531 खच भूतप्रादुर्भावे । वान्तोऽयमित्येके । क्षिरस्वामी अपि खच्ञाति इत्युक्त्वा खौनातिः इति सभ्याः । 6.4.19 च्छ्वोः० । be born, be produced again, purify
9c 59 खचँ । खच् । खच्ञाति, खौनाति । P । सेट् । अ०

1532 हेठ च । भूतप्रादुर्भावे । हिठ इत्येके । 8.4.41 ष्टुना ष्टुः । **इति नकारस्य णकारः** । take rebirth, seize, tie, clasp tightly

9c 60 हेठँ । हेठ् । हेठ्णाति । P । सेट् । अ०

हिठँ । हिठ् । हिठ्णाति । P । सेट् । अ०

श्रन्थादय उदात्ता उदात्तेतः परस्मैभाषाः ।क्लिशिस्तु वेट् । विषस्तु अनुदात्तः ।

1533 ग्रह उपादाने । उदात्तः स्वरितेदुभयतोभाषः । 6.1.16 ग्रहिज्या० इति सम्प्रसारणम् । take, catch, accept, seize, grasp, hold

9c 61 **ग्रहँ** । ग्रह् । गृह्णाति / गृह्णीते । U । सेट् । स०

॥ इति श्ना विकरणाः क्र्यादयः ॥

अथ चुरादिः

3.1.25 सत्याप० इति स्वार्थे णिच् । 1.3.74 णिचश्च इति आत्मनेपदिनः।
1.3.78 शेषात् कर्त्तरि परस्मैपदम् इति पक्षे परस्मैपदिनः ।
Thus by default 10c Dhatus are उभयपदिनः।
Also by being अनेकाच् these are all सेट् ।
इदित् ईदित् उदित् ऊदित् धातवः तु वैकल्पिक णिच् । अदन्तेषु धातुषु येषाम् उपधायाम् अ इ उ ऋ ह्रस्व वर्णाः न सन्ति तेभ्यः अपि वैकल्पिक णिच् । वैकल्पिक णिच् Dhatus form शप् परस्मैपदी Rupa also.

1534 चुर स्तेये । steal
10c 1 चुरँ । चुर् । चोरयति / ते । U । सेट् । स०

1535 चिति स्मृत्याम् । इदित् वैकल्पिकः णिच् । think, consider, reflect, ponder
10c 2 चितिँ । चिन्त् । चिन्तयति / ते, चिन्तति । U । सेट् । स०

1536 यत्रि सङ्कोचने । सङ्कोचे । अयं नित्यं णिच् । restrain, bind
10c 3 यत्रिँ । यन्त्र् । यन्त्रयति / ते । U । सेट् । स०

1537 स्फुडि परिहासे । स्फुटि इत्यपि । jest, joke, sneer
10c 4 स्फुडिँ । स्फुण्ड् । स्फुण्डयति / ते, स्फुण्डति । U । सेट् । स०

1538 लक्ष दर्शनाङ्कनयोः । notice, observe, perceive, find
10c 5 लक्षँ । लक्ष् । लक्षयति / ते । U । सेट् । स०

1539 कुद्रि अनृतभाषणे । कुद्द इत्येके । कुडि इत्यपरे । अयं नित्यं णिच्। tell a lie
10c 6 कुद्रिँ । कुन्द्र् । कुन्द्रयति / ते । U । सेट् । स०

1540 लड उपसेवायाम् । fondle, caress, desire
10c 7 लडँ । लड् । लाडयति / ते । U । सेट् । स०

1541 मिदि स्नेहने । इदित् वैकल्पिकः णिच् । मिद इति क्षीरस्वामिकौशिकौ ।
melt, love, be affectionate, apply oil

10c 8 मिदिँ । मिन्द् । मिन्दयति/ते, मिन्दति । U । सेट् । स०

1542 ओलडि उत्क्षेपणे ।ओकारः धातु अवयव इत्येके । न इति अपरे । उलडि इत्यन्ये । throw up, be happy, count, play

10c 9 ओलडिँ । ओलण्ड् ।ओलण्डयति/ते, ओलण्डति, (लण्डयति/ते, लण्डति) । U । सेट् । स०

1543 जल अपवारणे ।लज इत्येके । cover, stop, put a net

10c 10 जलँ । जल् । जालयति / ते । U । सेट् । स०

1544 पीड अवगाहने । oppress, harm, afflict

10c 11 पीडँ । पीड् । पीडयति / ते । U । सेट् । स०

1545 नट अवस्यन्दने ।अवस्पन्दने । अवस्पन्दनं नाट्यम् । dance, act, fall, tremble, slide

10c 12 नटँ । नट् । नाटयति / ते । U । सेट् । स०

1546 श्रथ प्रयत्ने ।प्रस्थाने इत्येके । strive, be occupied, be busy, be infirm, glad

10c 13 श्रथँ । श्रथ् । श्राथयति / ते । U । सेट् । अ०

1547 बध संयमने ।बन्ध इति चान्द्राः । discipline, restrain, bind

10c 14 बधँ । बध् । बाधयति / ते । U । सेट् । स०

1548 पॄ पूरणे । वैकल्पिकः णिच् । fill

10c 15 पॄ । पॄ । पारयति / ते, परति । U । सेट् । स०

1549 ऊर्ज बलप्राणनयोः । strengthen, live, be powerful

10c 16 ऊर्जँ । ऊर्ज् । ऊर्जयति / ते । U । सेट् । अ०

1550 पक्ष परिग्रहे ।take, seize, accept, side with

10c 17 पक्षँ । पक्ष् । पक्षयति / ते । U । सेट् । स०

1551 वर्ण (प्रेरणे) ।order, prompt, send

10c 18 वर्णँ । वर्ण् । वर्णयति / ते । U । सेट् । स०

1552 चूर्ण प्रेरणे । वर्ण वर्णने इत्येके । order, prompt, send
10c 19 चूर्णँ । चूर्ण् । चूर्णयति / ते । U । सेट् । स०

1553 प्रथ प्रख्याने । be famous, extend, spread
10c 20 प्रथँ । प्रथ् । प्राथयति / ते । U । सेट् । स०

1554 पृथ प्रक्षेपे । पथ इत्येके । extend, throw, send, cast
10c 21 पृथँ । पृथ् । पर्थयति / ते । U । सेट् । स०

1555 षम्ब सम्बन्धने । collect, meet, unite
10c 22 षम्बँ । सम्ब् । सम्बयति / ते । U । सेट् । स०

1556 शम्ब च । सम्बन्धने । साम्ब इत्येके । collect, gather
10c 23 शम्बँ । शम्ब् । शम्बयति / ते । U । सेट् । स०

1557 भक्ष अदने । eat, partake of, consume
10c 24 भक्षँ । भक्ष् । भक्षयति / ते । U । सेट् । स०

1558 कुट्ट छेदनभर्त्सनयोः । पूरण इत्येके । crush, abuse, divide, censure, multiply
10c 25 कुट्टँ । कुट्ट् । कुट्टयति / ते । U । सेट् । स०

1559 पुट्ट (अल्पीभावे) । diminish, become small
10c 26 पुट्टँ । पुट्ट् । पुट्टयति / ते । U । सेट् । अ०

1560 चुट्ट अल्पीभावे । be less, become less in number
10c 27 चुट्टँ । चुट्ट् । चुट्टयति / ते । U । सेट् । अ०

1561 अट्ट (अनादरे) । despise, insult, condemn
10c 28 अट्टँ । अट्ट् । अट्टयति / ते । U । सेट् । स०

1562 षुट्ट अनादरे । disregard, neglect

10c 29 षुट्टँ । सुट्ट् । सुट्टयति/ते । U । सेट् । स०

1563 लुण्ठ स्तेये । लुण्ट इति केचित् । rob, plunder

10c 30 लुण्ठँ । लुण्ठ् । लुण्ठयति/ते । U । सेट् । स०

1564 शठ असंस्कारगत्योः । leave incomplete, be crude, go, move

10c 31 शठँ । शठ् । शाठयति/ते । U । सेट् । स०

1565 श्वठ असंस्कारगत्योः । श्वठि इत्येके । be incomplete, be incorrect, go , move

10c 32 श्वठँ । श्वठ् । श्वाठयति/ते । U । सेट् । स०

1566 तुजि हिंसाबलादाननिकेतनेषु । reside, be strong, take, shine, hurt

10c 33 तुजिँ । तुञ्ज् । तुञ्जयति/ते, तुञ्जति । U । सेट् । स०*

1567 पिजि हिंसाबलादाननिकेतनेषु । तुज पिज इति केचित् । लजि लुजि इत्येके । kill, be strong, give, take, shine

10c 34 पिजिँ । पिञ्ज् । पिञ्जयति/ते, पिञ्जति । U । सेट् । स०*

1568 पिस गतौ । go, move

10c 35 पिसँ । पिस् । पेसयति/ते । U । सेट् । स०

1569 षान्त्व सामप्रयोगे । console

10c 36 षान्त्वँ । सान्त्व् । सान्त्वयति/ते । U । सेट् । स०

1570 श्वल्क ।परिभाषणे । lecture, express, speak

10c 37 श्वल्कँ । श्वल्क् । श्वल्कयति/ते । U । सेट् । स०

1571 वल्क परिभाषणे । utter, speak

10c 38 वल्कँ । वल्क् । वल्कयति/ते । U । सेट् । स०

1572 ष्णिह स्नेहने ।स्फिट इत्येके । make oily, anoint, be loving

10c 39 ष्णिहँ । स्निह् । स्नेहयति/ते । U । सेट् । अ०

1573 स्मिट अनादरे । ष्मिङ् इत्येके । scorn, despise, go

10c 40 स्मिटँ । स्मिट् । स्मेटयति / ते । U । सेट् । स०

1574 श्लिष श्लेषणे । decorate, embrace, hug

10c 41 श्लिषँ । श्लिष् । श्लेषयति / ते । U । सेट् । स०

1575 पथि गतौ । go, move

10c 42 पथिँ । पन्थ् । पन्थयति / ते, पन्थति । U । सेट् । स०

1576 पिच्छ कुट्टने । पिछ् । पिच्च इति क्षीरतरङ्गिणी । press flat, divide, hurt, flatten

10c 43 पिच्छँ । पिच्छ् । पिच्छयति / ते । U । सेट् । स०

1577 छदि संवरणे । cover, veil

10c 44 छदिँ । छन्द् । छन्दयति / ते, छन्दति । U । सेट् । स०

1578 श्रण दाने । give

10c 45 श्रणँ । श्रण् । श्राणयति / ते । U । सेट् । स०

1579 तड आघाते । strike, beat

10c 46 तडँ । तड् । ताडयति / ते । U । सेट् । स०

1580 खड (भेदने) । break, disturb, cut into pieces

10c 47 खडँ । खड् । खाडयति / ते । U । सेट् । स०

1581 खडि (भेदने) । break, disturb, cut into pieces

10c 48 खडिँ । खण्ड् । खण्डयति / ते, खण्डति । U । सेट् । स०

1582 कडि भेदने । separate the chaff, defend

10c 49 कडिँ । कण्ड् । कण्डयति / ते, कण्डति । U । सेट् । स०

1583 कुडि रक्षणे । protect, take care

10c 50 कुडिँ । कुण्ड् । कुण्डयति / ते , कुण्डति । U । सेट् । स०

1584 गुडि वेष्टने । रक्षणे इत्येके । कुठि इत्यन्ये । गुठि इत्यपरे । cover, grind, safeguard

   10c 51 गुडिँ । गुण्ड् । गुण्डयति / ते, गुण्डति । U । सेट् । स०

1585 खुडि खण्डने । break into pieces, saw

   10c 52 खुडिँ । खुण्ड् । खुण्डयति / ते, खुण्डति । U । सेट् । स०

1586 वटि विभाजने । पडि इति केचित् । चडि कपि चण्डे । वडि इति क्षीरतरङ्गिणी । separate, share, partition

   10c 53 वटिँ । वण्ट् । वण्टयति / ते, वण्टति । U । सेट् । स०

1587 मडि भूषायां हर्षे च । adorn, rejoice

   10c 54 मडिँ । मण्ड् । मण्डयति / ते, मण्डति । U । सेट् । स०*

1588 भडि कल्याणे । do auspicious act

   10c 55 भडिँ । भण्ड् । भण्डयति / ते, भण्डति । U । सेट् । स०

1589 छर्द वमने । vomit

   10c 56 छर्दँ । छर्द् । छर्दयति / ते । U । सेट् । अ०

1590 पुस्त (आदरानादरयोः) । respect, disrespect, bind, paste

   10c 57 पुस्तँ । पुस्त् । पुस्तयति / ते । U । सेट् । स०

1591 बुस्त आदरानादरयोः । respect, disrespect

   10c 58 बुस्तँ । बुस्त् । बुस्तयति / ते । U । सेट् । स०

1592 चुद सञ्चोदने । push on, encourage, ask, pray

   10c 59 चुदँ । चुद् । चोदयति / ते । U । सेट् । स०

1593 नक्क (नाशने) । destroy

   10c 60 नक्कँ । नक्क् । नक्कयति / ते । U । सेट् । स०

1594 धक्क नाशने । destroy, shun, push

167

10c 61 धक्कँ । धक्क् । धक्कयति/ते । U । सेट् । स०

1595 चक्क (व्यथने) । torture, be tortured

10c 62 चक्कँ । चक्क् । चक्कयति/ते । U । सेट् । स०

1596 चुक्क व्यथने । cause trouble, feel troubled

10c 63 चुक्कँ । चुक्क् । चुक्कयति/ते । U । सेट् । स०

1597 क्षल शौचकर्मणि । wash, purify

10c 64 क्षलँ । क्षल् । क्षालयति/ते । U । सेट् । स०

1598 तल प्रतिष्ठायाम् । accomplish, establish

10c 65 तलँ । तल् । तालयति/ते । U । सेट् । स०

1599 तुल उन्माने । weigh

10c 66 तुलँ । तुल् । तोलयति/ते । U । सेट् । स०

1600 दुल उत्क्षेपे । swing, shake to and fro, oscillate

10c 67 दुलँ । दुल् । दोलयति/ते । U । सेट् । स०

1601 पुल महत्त्वे । बुल निमज्जने इत्यानुपूर्व्या क्षीरतरङ्गिणी । be great, large, high

10c 68 पुलँ । पुल् । पोलयति/ते । U । सेट् । अ०

1602 चुल समुच्छ्राये । षुल समुच्छ्राये । raise, lift, soak

10c 69 चुलँ । चुल् । चोलयति/ते । U । सेट् । स०

1603 मूल रोहणे । plant, grow, sprout

10c 70 मूलँ । मूल् । मूलयति/ते । U । सेट् । स०

1604 कल (क्षेपे) । कल किल पिल इति क्षीरतरङ्गिणी । throw, toss, cast

10c 71 कलँ । कल् । कालयति/ते । U । सेट् । स०

1605 विल क्षेपे । throw, send

10c 72 विलँ । विल् । वेलयति/ते । U । सेट् । स०

1606 बिल भेदने | make hole, pierce, split
  10c 73 बिलँ | बिल् | बेलयति / ते | U | सेट् | स०

1607 तिल स्नेहने | anoint, be oily
  10c 74 तिलँ | तिल् | तेलयति / ते | U | सेट् | अ०

1608 चल भृतौ | maintain, nurture, foster, bring up
  10c 75 चलँ | चल् | चालयति / ते | U | सेट् | स०

1609 पाल रक्षणे | protect, govern
  10c 76 पालँ | पाल् | पालयति / ते | U | सेट् | स०

1610 लूष हिंसायाम् | hurt, injure
  10c 77 लूषँ | लूष् | लूषयति / ते | U | सेट् | स०

1611 शुल्ब माने | measure, count, weigh
  10c 78 शुल्बँ | शुल्ब् | शुल्बयति / ते | U | सेट् | स०

1612 शूर्प च | माने | measure, count, weigh
  10c 79 शूर्पँ | शूर्प् | शूर्पयति / ते | U | सेट् | स०

1613 चुट छेदने | cut, trim, strike, be small, be artless, naive
  10c 80 चुटँ | चुट् | चोटयति / ते | U | सेट् | स०

1614 मुट सञ्चूर्णने | crush, powder
  10c 81 मुटँ | मुट् | मोटयति / ते | U | सेट् | स०

1615 पडि (नाशने) | destroy
  10c 82 पडिँ | पण्ड् | पण्डयति / ते, पण्डति | U | सेट् | स०

1616 पसि नाशने | destroy
  10c 83 पसिँ | पंस् | पंसयति / ते, पंसति | U | सेट् | स०

1617 व्रज मार्गसंस्कारगत्योः | व्रज च मार्ग द्वौ धातू इति सिद्धान्तकौमुदी ।

169

prepare, go, roam

10c 84 व्रजँ । व्रज् । व्राजयति/ते । U । सेट् । स०

1618 शुल्क अतिस्पर्शने । अतिसर्जने इत्येके । tax, pay duty, grow, release

10c 85 शुल्कँ । शुल्क् । शुल्कयति/ते । U । सेट् । स०

1619 चपि गत्याम् । go

10c 86 चपिँ । चम्प् । चम्पयति/ते, चम्पति । U । सेट् । स०

1620 क्षपि क्षान्त्याम् । bear, suffer, pity, shine

10c 87 क्षपिँ । क्षम्प् । क्षम्पयति/ते, क्षम्पति । U । सेट् । स०

1621 छजि कृच्छ्रजीवने । क्षजि इत्येके । bear with, live in distress

10c 88 छजिँ । छञ्ज् । छञ्जयति/ते, छञ्जति । U । सेट् । अ०

1622 श्वर्त गत्याम् । go, fall in ditch

10c 89 श्वर्तँ । श्वर्त् । श्वर्तयति/ते । U । सेट् । स०

1623 श्वभ्र च । गत्याम् । go, pierce

10c 90 श्वभ्रँ । श्वभ्र् । श्वभ्रयति/ते । U । सेट् । स०

नान्ये मितोऽहेतौ गणसूत्र इति ज्ञपादि षट् मित्। 6.4.92 मितां ह्रस्वः इति उपधा ह्रस्वः।

1624 ज्ञप ज्ञानज्ञापनमारणतोषणनिशाननिशामनेषु । मिच्च इत्येके ।
know, teach, please, hit, sharpen, see

10c 91 ज्ञपँ । ज्ञप् । ज्ञपयति/ते । U । सेट् । स०

1625 यम च परिवेषणे । चान्मित् । अयं मित् । control, keep in check

10c 92 यमँ । यम् । यमयति/ते । U । सेट् । स०

1626 चह परिकल्कने । चप इत्येके । अयं मित् । deceive, cheat

10c 93 चहँ । चह् । चहयति/ते । U । सेट् । स०

1627 रह त्यागे । give up, split, leave, delegate, refuse

10c 94 रहँ । रह् । रहयति / ते । U । सेट् । स०

1628 बल प्राणने । nourish, support, be strong
10c 95 बलँ । बल् । बलयति / ते । U । सेट् । स०

1629 चिञ् चयने । 6.1.54 चि० । collect, select, gather, pile up
10c 96 चिञ् । चि । चपयति / ते, चययति / ते, चयति / ते । U । सेट् । द्वि०

वृत् । इति मित् गतः ॥ नान्ये मितोऽहेतौ ।गणसूत्र। अहेतौ=स्वार्थे ।इति ज्ञपादि अन्यत्र न मित्।

1630 घट्ट चलने । shake, touch, rub, stir
10c 97 घट्टँ । घट्ट । घट्टयति / ते । U । सेट् । अ०

1631 मुस्त सङ्घाते । gather, collect
10c 98 मुस्तँ । मुस्त् । मुस्तयति / ते । U । सेट् । स०

1632 खट्ट संवरणे । cover, hide
10c 99 खट्टँ । खट्ट । खट्टयति / ते । U । सेट् । स०

1633 षट्ट (हिंसायाम्) । hurt, injure
10c 100 षट्टँ । सट्ट । सट्टयति / ते । U । सेट् । स०

1634 स्फिट्ट (हिंसायाम्) । hurt, injure
10c 101 स्फिट्टँ । स्फिट्ट । स्फिट्टयित / ते । U । सेट् । स०

1635 चुबि हिंसायाम् । cause hurt
10c 102 चुबिँ । चुम्ब् । चुम्बयति / ते, चुम्बति । U । सेट् । स०

1636 पूल सङ्घाते । पूर्ण इत्येके । पुण इत्यन्ये । heap, collect, gather
10c 103 पूलँ । पूल् । पूलयति / ते । U । सेट् । स०

1637 पुंस अभिवर्धने । grind, destroy, give pain, grow
10c 104 पुंसँ । पुंस् । पुंसयति / ते । U । सेट् । स०

1638 टकि बन्धने । व्यप क्षेपे । व्यय विप इत्येके । bind, tie, fasten, join

10c 105 टकिँ । टङ्क् । टङ्कयति/ते, टङ्कति । U । सेट् । स०

1639 धूस कान्तिकरणे । मूर्धन्यान्त इत्येके धूष । तालव्यान्त इत्यन्ये धूश । embellish, adorn

10c 106 धूसँ । धूस् । धूसयति/ते । U । सेट् । स०

1640 कीट वर्णे । colour, dye, tie, rust

10c 107 कीटँ । कीट् । कीटयति/ते । U । सेट् । स०

1641 चूर्ण सङ्कोचने । pulverize, pound, crush, bruise

10c 108 चूर्णँ । चूर्ण् । चूर्णयति/ते । U । सेट् । स०

1642 पूज पूजायाम् । worship, adore

10c 109 पूजँ । पूज् । पूजयति/ते । U । सेट् । स०

1643 अर्क स्तवने । तपने इत्येके । praise, heat

10c 110 अर्कँ । अर्क् । अर्कयति/ते । U । सेट् । स०

1644 शुठ आलस्ये । be idle, be dull

10c 111 शुठँ । शुठ् । शोठयति/ते । U । सेट् । अ०

1645 शुठि शोषणे । dry, be dry

10c 112 शुठिँ । शुण्ठ् । शुण्ठयति/ते, शुण्ठति । U । सेट् । स०

1646 जुड प्रेरणे । prompt, send, grind, powder

10c 113 जुडँ । जुड् । जोडयति /ते । U । सेट् । स०

1647 गज (शब्दार्थः) । roar, be drunk

10c 114 गजँ । गज् । गाजयति/ते । U । सेट् । अ०

1648 मार्ज शब्दार्थौ । sound

10c 115 मार्जँ । मार्ज् । मार्जयति/ते । U । सेट् । अ०

1649 मर्च च । शब्दार्थेः । मर्ज इत्यपि । take, cleanse, sound

10c 116 मर्चँ । मर्च् । मर्चयति/ते । U । सेट् । अ०

1650 घृ प्रस्रवणे । स्रावणे इत्येके । trickle, drip, sprinkle

10c 117 घृ । घृ । घारयति/ते । U । सेट् । स०*

1651 पचि विस्तारवचने । spread, stretch

10c 118 पचिँ । पञ्च् । पञ्चयति/ते, पञ्चति । U । सेट् । स०

1652 तिज निशाने । निशातने । stir up, sharpen, excite, agitate

10c 119 तिजँ । तिज् । तेजयति/ते । U । सेट् । स०

1653 कृत संशब्दने । recite, do japa, glorify

10c 120 कृतँ । कृत् । कीर्तयति/ते । U । सेट् । स०

1654 वर्ध छेदनपूरणयोः । cut, severe, fill, shear

10c 121 वर्धँ । वर्ध् । वर्धयति/ते । U । सेट् । स०

1655 कुबि आच्छादने । कुभि इत्येके । cover, tremble

10c 122 कुबिँ । कुम्ब् । कुम्बयति/ते, कुम्बति । U । सेट् । स०

1656 लुबि (अदर्शने) । be hidden, be invisible, be destroyed

10c 123 लुबिँ । लुम्ब् । लुम्बयति/ते, लुम्बति । U । सेट् । अ०

1657 तुबि अदर्शने । तुपि अर्दने इत्येके । be invisible

10c 124 तुबिँ । तुम्ब् । तुम्बयति/ते, तुम्बति । U । सेट् । अ०

1658 ह्लप व्यक्तायां वाचि । क्लप इत्येके । ह्वप इत्यन्ये । speak clearly

10c 125 ह्लपँ । ह्लप् । ह्लापयति/ते । U । सेट् । स०

1659 चुटि छेदने । break, claw, pinch

10c 126 चुटिँ । चुण्ट् । चुण्टयति/ते, चुण्टति । U । सेट् । स०

1660 इल प्रेरणे । urge, encourage

10c 127 इलँ । इल् । एलयति/ते । U । सेट् । स०

1661 म्रक्ष म्लेच्छने । म्रछ इत्येके । mix, adulterate

10c 128 म्रक्षँ । म्रक्ष् । म्रक्षयति/ते । U । सेट् । अ०

1662 म्लेच्छ अव्यक्तायां वाचि । speak incorrectly, speak in confusion

10c 129 म्लेच्छँ । म्लेच्छ् । म्लेच्छयति/ते । U । सेट् । अ०

1663 ब्रूस हिंसायाम् ।ब्रीस ब्रुसे । hurt

10c 130 ब्रूसँ । ब्रूस् । ब्रूसयति/ते । U । सेट् । स०

1664 बर्ह हिंसायाम् ।केचित् इह गर्ज गर्द शब्दे, गर्ध अभिकाङ्क्षायाम् इति पठन्ति । strike, hurt

10c 131 बर्हँ । बर्ह् । बर्हयति/ते । U । सेट् । स०

1665 गुर्द पूर्वनिकेतने ।पूर्व निकेतने इति धातुप्रदीपे,पूर्वयति/ते। dwell,invite,call

10c 132 गुर्दँ । गुर्द् । गुर्दयति/ते । U । सेट् । अ०

1666 जसि रक्षणे ।मोक्षणे इति केचित् । protect, set free, release

10c 133 जसिँ । जंस् । जंसयति/ते, जंसति । U । सेट् । स०

1667 ईड स्तुतौ । praise

10c 134 ईडँ । ईड् । ईडयति/ते । U । सेट् । स०

1668 जसु हिंसायाम् । hurt, injure, strike

10c 135 जसुँ । जस् । जासयति/ते, जसति । U । सेट् । स०

1669 पिडि सङ्घाते । join, unite, accumulate, make heap

10c 136 पिडिँ । पिण्ड् । पिण्डयति/ते, पिण्डति । U । सेट् । अ०

1670 रुष रोषे ।रुट इत्येके । be angry, be vexed, be offended

10c 137 रुषँ । रुष् । रोषयति/ते । U । सेट् । अ०

1671 डिप क्षेपे । send, throw, fly, backbite

10c 138 डिपँ । डिप् । डेपयति/ते । U । सेट् । स०

1672 ष्टुप समुच्छ्राये। ष्टूप इति माधवीय। heap, pile, erect, raise

10c 139 ष्टुपँ । स्तुप् । स्तोपयति/ते । U । सेट् । स०

अथ आकुस्मीय अन्तर्गणः नवत्रिंशत् आत्मनेपदिनः।
इति अकर्त्रभिप्रायक्रियाफले अपि आत्मनेपदिनः।

1673 चित सञ्चेतने। आकुस्मीयः। perceive, see, notice, observe, know

10c 140 चितँ । चित् । चेतयते । A । सेट् । स०

1674 दशि दंशने। दंशनदर्शनयोः। **आकुस्मीयः** । bite, sting, see

10c 141 दशिँ । दंश् । दंशयते, दंशति । A । सेट् । स०

1675 दसि दर्शनदंशनयोः। **दस इत्यप्येके। आकुस्मीयः**। bite, sting, see

10c 142 दसिँ । दंस् । दंसयते, दंसति । A । सेट् । स०

1676 डप (सङ्घाते)। **आकुस्मीयः** । collect, accumulate, gather

10c 143 डपँ । डप् । डापयते । A । सेट् । स०

1677 डिप सङ्घाते। **आकुस्मीयः** । hit, collect, accumulate

10c 144 डिपँ । डिप् । डेपयते । A । सेट् । स०

1678 तत्रि कुटुम्बधारणे। **कुटुम्ब धात्वन्तरमिति चान्द्राः । आकुस्मीयः । अयं नित्यं णिच्।** spread, support, maintain, rule, govern

10c 145 तत्रिँ । तन्त्र् । तन्त्रयते । A । सेट् । अ०

1679 मत्रि गुप्तपरिभाषणे। **आकुस्मीयः । अयं नित्यं णिच्।** consult, deliberate upon, counsel

10c 146 मत्रिँ । मन्त्र् । मन्त्रयते । A । सेट् । स०

1680 स्पश ग्रहणसंश्लेषणयोः। take, hold, touch, unite, join

10c 147 स्पशँ । स्पश् । स्पाशयते । A । सेट् । स०

1681 तर्ज (तर्जने)। blame, frighten, scold, warn

10c 148 तर्जँ । तर्ज् । तर्जयते । A । सेट् । स०

1682 भर्त्स तर्जने । सन्तर्जने इति । revile, threaten, abuse

10c 149 भर्त्सँ । भर्त्स् । भर्त्सयते । A । सेट् । स०

1683 बस्त (अर्दने) । move, ask, hurt

10c 150 बस्तँ । बस्त् । बस्तयते । A । सेट् । स०

1684 गन्ध अर्दने । injure, ask, beg, move, feel ashamed, grace

10c 151 गन्धँ । गन्ध् । गन्धयते । A । सेट् । स०

1685 विष्क हिंसायाम् । हिष्क इत्येके । hurt, injure

10c 152 विष्कँ । विष्क् । विष्कयते । A । सेट् । स०

1686 निष्क परिमाणे । measure, count

10c 153 निष्कँ । निष्क् । निष्कयते । A । सेट् । स०

1687 लल ईप्सायाम् । desire, keep, caress, fondle, copulate

10c 154 ललँ । लल् । लालयते । A । सेट् । स०

1688 कूण सङ्कोचे । contract, close, twist, be conceited

10c 155 कूणँ । कूण् । कूणयते । A । सेट् । स०

1689 तूण पूरणे । fill, fill up

10c 156 तूणँ । तूण् । तूणयते । A । सेट् । स०

1690 भ्रूण आशाविशङ्क्योः । hope, expect, doubt, be pregnant

10c 157 भ्रूणँ । भ्रूण् । भ्रूणयते । A । सेट् । स०

1691 शठ श्लाघायाम् । praise, flatter

10c 158 शठँ । शठ् । शाठयते । A । सेट् । स०

1692 यक्ष पूजायाम् । worship, honour, be quick

10c 159 यक्षँ । यक्ष् । यक्षयते । A । सेट् । स०

1693 स्यम वितर्के । sound, go, consider, think

10c 160 स्यमँ । स्यम् । स्यामयते । A । सेट् । स०

1694 गूर उद्यमने । make effort, work hard

10c 161 गूरँ । गूर् । गूरयते । A । सेट् । स०

1695 शम (आलोचने) । नान्ये मितः इति मित्त्वनिषेधः । declare, express, make popular

10c 162 शमँ । शम् । शामयते । A । सेट् । स०

1696 लक्ष आलोचने । mark, denote, characterize

10c 163 लक्षँ । लक्ष् । लक्षयते । A । सेट् । स०

1697 कुत्स अवक्षेपणे । निन्दने । abuse, revile, condemn

10c 164 कुत्सँ । कुत्स् । कुत्सयते । A । सेट् । स०

1698 त्रुट छेदने । कुट इत्येके । break into pieces

10c 165 त्रुटँ । त्रुट् । त्रोटयते । A । सेट् । स०

1699 गल स्रवणे । pour out, filter, drip, ooze

10c 166 गलँ । गल् । गालयते । A । सेट् । अ०

1700 भल आभण्डने । scrutinize, argue

10c 167 भलँ । भल् । भालयते । A । सेट् । स०

1701 कूट आप्रदाने । अवसादने इत्येके । abstain from giving, be secretive

10c 168 कूटँ । कूट् । कूटयते । A । सेट् । स०

1702 कुट्ट प्रतापने । heat

10c 169 कुट्टँ । कुट्ट् । कुट्टयते । A । सेट् । स०

1703 वञ्चु प्रलम्भने । णिच् अनित्यः । cheat, trap, deceive

10c 170 वञ्चुँ । वञ्च् । वञ्चयते , (वञ्चति) । A । सेट् । स०

1704 वृष शक्तिबन्धने । be pregnant, be powerful

10c 171 वृषँ । वृष् । वर्षयते । A । सेट् । अ०

1705 मद तृप्तियोगे । satisfy, solve, resolve
10c 172 मदँ । मद् । मादयते । A । सेट् । स०

1706 दिवु परिकूजने । उदित् णिच् अनित्यः । feel sad, lament, cry
10c 173 दिवुँ । दिव् । देवयते, देवति । A । सेट् । अ०

1707 गृ विज्ञाने । know, understand
10c 174 गृ । गृ । गारयते । A । सेट् । स०

1708 विद चेतनाख्याननिवासेषु । tell, declare, announce, feel, experience, reside
10c 175 विदँ । विद् । वेदयते । A । सेट् । स०

1709 मान स्तम्भे । मन । be rigid, be stubborn, be arrogant
10c 176 मानँ । मान् । मानयते । A । सेट् । अ०

1710 यु जुगुप्सायाम् । abuse, blame
10c 177 यु । यु । यावयते । A । सेट् । स०

1711 कुस्म नाम्नो वा कुत्सितस्मयने । smile indecently, see thoughtfully
10c 178 कुस्मँ । कुस्म् । कुस्मयते । A । सेट् । अ०

वृत् । आकुस्मीयाः गताः । अथ उभयतो भाषाः ।

1712 चर्च अध्ययने । study, read carefully, pause while reading
10c 179 चर्चँ । चर्च् । चर्चयति / ते । U । सेट् । स०

1713 बुक्क भाषणे । bark, sound like a dog
10c 180 बुक्कँ । बुक्क् । बुक्कयति / ते । U । सेट् । अ०

1714 शब्द उपसर्गादाविष्कारे च । lecture, express, scream
10c 181 शब्दँ । शब्द् । शब्दयति / ते । U । सेट् । स०

1715 कण निमीलने । wink

10c 182 कणँ । कण् । काणयति/ते । U । सेट् । अ०

1716 जभि नाशने । destroy

10c 183 जभिँ । जम्भ् । जम्भयति/ते, जम्भति । U । सेट् । स०

1717 षूद क्षरणे । flow, trickle, splash

10c 184 षूदँ । सूद् । सूदयति/ते । U । सेट् । अ०

1718 जसु ताडने ।णिच् विकल्पितः। hurt, injure, strike

10c 185 जसुँ । जस् । जासयति/ते, जसति । U । सेट् । स०

1719 पश बन्धने । bind, tie a knot, strangle with noose

10c 186 पशँ । पश् । पाशयति/ते । U । सेट् । स०

1720 अम रोगे । be ill

10c 187 अमँ । अम् । आमयति/ते । U । सेट् । अ०

1721 चट (भेदने) । kill, cut to pieces, break

10c 188 चटँ । चट् । चाटयति/ते । U । सेट् । स०

1722 स्फुट भेदने । burst open, come in view

10c 189 स्फुटँ । स्फुट् । स्फोटयति/ते । U । सेट् । अ०

1723 घट सङ्घाते । accumulate, unite, join, bring together

10c 190 घटँ । घट् । घाटयति/ते । U । सेट् । स०

हन्त्यर्थाश्च ।गणसूत्र। Roots having हन्ति अर्थः in 1c-9c take स्वार्थे णिच् in 10c

1724 दिवु मर्दने । उदित् वैकल्पिकः णिच् । rub, moan, crush

10c 191 दिवुँ । दिव् । देवयति/ते, देवति । U । सेट् । स०

1725 अर्ज प्रतियत्ने । procure, edit

10c 192 अर्जँ । अर्ज् । अर्जयति/ते । U । सेट् । स०

179

1726 घुषिर् विशब्दने । proclaim aloud, praise, declare

10c 193 घुषिँर् । घुष् । घोषयति / ते । U । सेट् । स०

1727 आङः क्रन्द सातत्ये । cry, call continually

10c 194 आङः क्रन्दँ । आक्रन्द् । आक्रन्दयति / ते । U । सेट् । अ०

1728 लस शिल्पयोगे । be intelligent, appreciate art, be artist

10c 195 लसँ । लस् । लासयति / ते । U । सेट् । अ०

1729 तसि (अलङ्करणे) । decorate

10c 196 तसिँ । तंस् । तंसयति / ते, तंसति । U । सेट् । स०

1730 भूष अलङ्करणे । घोष असने , मोक्ष असने । adorn, decorate

10c 197 भूषँ । भूष् । भूषयति / ते । U । सेट् । स०

1731 अर्ह पूजायाम् । deserve, honour

10c 198 अर्हँ । अर्ह् । अर्हयति / ते । U । सेट् । स०

1732 ज्ञा नियोगे । अयम् आङ् पूर्वः । order, appoint

10c 199 ज्ञा । ज्ञा । आज्ञापयति / ते । U । सेट् । स०

1733 भज विश्राणने । grant, cook, complete, divide

10c 200 भजँ । भज् । भाजयति / ते । U । सेट् । स०

1734 शृधु प्रसहने । प्रहसने इत्येके । उदित् वैकल्पिकः णिच् । strive, ridicule, tolerate, defeat

10c 201 शृधुँ । शृध् । शर्धयति / ते , शर्धति । U । सेट् । स०

1735 यत निकारोपस्कारयोः । attempt, endeavour, strive, hurt, slap, order, collect, prevent

10c 202 यतँ । यत् । यातयति / ते । U । सेट् । स०

1736 रक (आस्वादने) । relish

10c 203 रकँ । रक् । राकयति / ते । U । सेट् । स०

1737 लग आस्वादने । रघ इत्येके । रग इत्यन्ये । taste, savour
10c 204 लगँ । लग् । लागयति / ते । U । सेट् । स०

1738 अञ्चु विशेषणे । individualise, honour
10c 205 अञ्चुँ । अञ्च् । अञ्चयति / ते, अञ्चति । U । सेट् । स०

1739 लिगि चित्रीकरणे । paint, depict a noun by gender
10c 206 लिगिँ । लिङ्ग् । लिङ्गयति / ते, लिङ्गति । U । सेट् । स०

1740 मुद संसर्गे । collect, mix, cleanse
10c 207 मुदँ । मुद् । मोदयति / ते । U । सेट् । स०

1741 त्रस धारणे । **ग्रहणे इत्येके । वारणे इत्यन्ये** । go, move, take, seize, oppose, prevent
10c 208 त्रसँ । त्रस् । त्रासयति / ते । U । सेट् । स०

1742 उध्रस उञ्छे । उकारो धात्ववयव इत्येके । नेत्यन्ये । glean
10c 209 उँध्रसँ । ध्रस् । ध्रासयति/ते, ध्रसति, उध्रासयति/ते । U । सेट् । स०

1743 मुच प्रमोचने मोदने च । leave, deliver, be happy
10c 210 मुचँ । मुच् । मोचयति / ते । U । सेट् । स०

1744 वस स्नेहच्छेदापहरणेषु । love, pity, sympathize, hurt, cut, take
10c 211 वसँ । वस् । वासयति / ते । U । सेट् । स०

1745 चर संशये । doubt, suspect
10c 212 चरँ । चर् । चारयति / ते । U । सेट् । स०

1746 च्यु सहने । हसने च इत्येके । च्युस इत्येके । laugh, endure
10c 213 च्यु । च्यु । च्यावयति / ते । U । सेट् । स०

1747 भुवोऽवकल्कने । अवकल्कनं मिश्रीकरणम् इत्येके । चिन्तनम् इत्यन्ये । अनित्यः णिचः । imagine, contemplate, mix
10c 214 भू । भू । भावयति / ते , भवति । U । सेट् । स०

1748 कृपेश्च । अवकल्कने । क्लृपेश्च इति माधवीय । 8.2.18 कृपो रो लः ।
imagine, contemplate, mix, draw, knead
10c 215 कृपँ । कृप् । कल्पयति / ते । U । सेट् । अ०

आ स्वदः सकर्मकात् । गणसूत्र। अथ आस्वदीय अन्तर्गणः । अतः परं स्वदिमभिव्याप्य सम्भवत् कर्मकेभ्य एव णिच्। णिच् is affixed to transitive roots in this internal group. Here all Roots except ष्वद् are transitive. ष्वद् prefixed with आङ् i.e. आस्वद् also becomes transitive. Purpose of this internal group is to indicate that these Roots are already there in 1c – 9c, and such Roots will take णिच् only when सकर्मकः ।

1749 ग्रस ग्रहणे । आस्वदीयः । take, seize, eclipse
10c 216 ग्रसँ । ग्रस् । ग्रासयति / ते । U । सेट् । स०

1750 पुष धारणे । आस्वदीयः । bear
10c 217 पुषँ । पुष् । पोषयति / ते । U । सेट् । स०

1751 दल विदारणे । आस्वदीयः । burst open, crack, cleave
10c 218 दलँ । दल् । दालयति / ते । U । सेट् । स०

1752 पट (भाषार्थः) । ग्रन्थे । separate, tear, shine, speak
10c 219 पटँ । पट् । पाटयति / ते । U । सेट् । स०

1753 पुट (भाषार्थः) । आस्वदीयः । shine, speak, grind
10c 220 पुटँ । पुट् । पोटयति / ते । U । सेट् । स०

1754 लुट (भाषार्थः) । shine, speak, deliver oratory
10c 221 लुटँ । लुट् । लोटयति / ते । U । सेट् । स०

1755 तुजि भाषायां हिंसाबलादाननिकेतनेषु च । इदित् वैकल्पिकः णिच्।
reside, be strong, take, shine, hurt, tell
10c 222 तुजिँ । तुञ्ज् । तुञ्जयति/ते, तुञ्जति । U । सेट् । स०

1756 मिजि (भाषायाम्) । shine, speak

10c 223 मिजिँ । मिञ्ज् । मिञ्जयति/ते, मिञ्जति । U । सेट् । स०

1757 पिजि (भाषायाम्) । shine, speak

10c 224 पिजिँ । पिञ्ज् । पिञ्जयति/ते, पिञ्जति । U । सेट् । स०

1758 लुजि (भाषायाम्) । shine, speak

10c 225 लुजिँ । लुञ्ज् । लुञ्जयति/ते, लुञ्जति । U । सेट् । स०

1759 भजि (भाषायाम्) । shine, speak

10c 226 भजिँ । भञ्ज् । भञ्जयति/ते, भञ्जति । U । सेट् । स०

1760 लघि (भाषायाम्) । shine, speak, go beyond

10c 227 लघिँ । लङ्घ् । लङ्घयति/ते, लङ्घति । U । सेट् । स०

1761 त्रसि (भाषायाम्) । go, catch, obstruct, oppose

10c 228 त्रसिँ । त्रंस् । त्रंसयति/ते, त्रंसति । U । सेट् । स०

1762 पिसि (भाषायाम्) । shine, speak

10c 229 पिसिँ । पिंस् । पिंसयति/ते, पिंसति । U । सेट् । स०

1763 कुसि (भाषायाम्) । speak, shine

10c 230 कुसिँ । कुंस् । कुंसयति/ते, कुंसति । U । सेट् । स०

1764 दशि (भाषायाम्) । shine, speak harshly

10c 231 दशिँ । दंश् । दंशयति/ते, दंशति । U । सेट् । स०

1765 कुशि (भाषायाम्) । आस्वदीयः । speak, shine

10c 232 कुशिँ । कुंश् । कुंशयति/ते, कुंशति । U । सेट् । स०

1766 घट (भाषायाम्) । आस्वदीयः । speak, shine, be published

10c 233 घटँ । घट् । घाटयति/ते । U । सेट् । स०

1767 घटि भाषायां भासार्थो वा । speak, shine, be published

10c 234 घटिँ । घण्ट् । घण्टयति/ते, घण्टति । U । सेट् । स०

1768 बृहि (भाषायाम्) । आस्वदीयः । shine, speak

10c 235 बृहिँ । बृंह् । बृंहयति / ते, बृंहति । U । सेट् । स०

1769 बर्ह (भाषायाम्) । आस्वदीयः । shine, speak

10c 236 बर्हँ । बर्ह् । बर्हयति / ते । U । सेट् । स०

1770 बल्ह (भाषायाम्) । आस्वदीयः । shine, speak

10c 237 बल्हँ । बल्ह् । बल्हयति / ते । U । सेट् । स०

1771 गुप (भाषायाम्) । आस्वदीयः । speak, shine, conceal

10c 238 गुपँ । गुप् । गोपयति / ते । U । सेट् । स०

1772 धूप (भाषायाम्) । आस्वदीयः । shine, speak

10c 239 धूपँ । धूप् । धूपयति / ते । U । सेट् । स०

1773 विच्छ (भाषायाम्) । आस्वदीयः । shine, speak

10c 240 विच्छँ । विच्छ् । विच्छयति / ते । U । सेट् । स०

1774 चीव (भाषायाम्) । भासार्थः । speak, shine

10c 241 चीवँ । चीव् । चीवयति / ते । U । सेट् । स०

1775 पुथ (भाषायाम्) । shine, speak, grind

10c 242 पुथँ । पुथ् । पोथयति / ते । U । सेट् । स०

1776 लोकृ (भाषायाम्) । observe, shine, speak, be enlightened

10c 243 लोकृँ । लोक् । लोकयति / ते । U । सेट् । स०

1777 लोचृ (भाषायाम्) । shine, speak

10c 244 लोचृँ । लोच् । लोचयति / ते । U । सेट् । स०

1778 णद (भाषायाम्) । sound

10c 245 णदँ । नद् । नादयति / ते । U । सेट् । स०

1779 कुप (भाषायाम्) । scold, speak, shine

10c 246 कुपँ । कुप् । कोपयति/ते । U । सेट् । स०

1780 तर्क (भाषायाम्) । guess, debate, speak

10c 247 तर्कँ । तर्क् । तर्कयति/ते । U । सेट् । स०

1781 वृतु (भाषायाम्) । **उदित् वैकल्पिकः णिच्** । shine, speak

10c 248 वृतुँ । वृत् । वर्तयति/ते, वर्तति । U । सेट् । स०

1782 वृधु भाषार्थाः । **उदित् वैकल्पिकः णिच्** । shine, speak

10c 249 वृधुँ । वृध् । वर्धयति/ते, वर्धति । U । सेट् । स०

1783 रुट (भाषायाम्) । shine, speak

10c 250 रुटँ । रुट् । रोटयति/ते । U । सेट् । स०

1784 लजि (भाषायाम्) । **इदित् वैकल्पिकः णिच्** । shine, speak

10c 251 लजिँ । लञ्ज् । लञ्जयति/ते, लञ्जति । U । सेट् । स०

1785 अजि (भाषायाम्) । **इदित् वैकल्पिकः णिच्** । speak, make clear

10c 252 अजिँ । अञ्ज् । अञ्जयति/ते, अञ्जति । U । सेट् । स०

1786 दसि (भाषायाम्) । **इदित् वैकल्पिकः णिच्** । shine, speak harshly

10c 253 दसिँ । दंस् । दंसयति/ते, दंसति । U । सेट् । स०

1787 भृशि (भाषायाम्) । **इदित् वैकल्पिकः णिच्** । shine, speak

10c 254 भृशिँ । भृंश् । भृंशयति/ते, भृंशति । U । सेट् । स०

1788 रुशि (भाषायाम्) । **इदित् वैकल्पिकः णिच्** । shine, speak

10c 255 रुशिँ । रुंश् । रुंशयति/ते, रुंशति । U । सेट् । स०

1789 शीक (भाषायाम्) । shine, speak

10c 256 शीकँ । शीक् । शीकयति/ते । U । सेट् । स०

1790 रुसि (भाषायाम्) । **इदित् वैकल्पिकः णिच्** । shine, speak

10c 257 रुसिँ । रुंस् । रुंसयति/ते, रुंसति । U । सेट् । स०

1791 नट (भाषायाम्) । shine, act

10c 258 नटँ । नट् । नाटयति / ते । U । सेट् । स०

1792 पुटि (भाषायाम्) । इदित् वैकल्पिकः णिच् । shine, speak, grind

10c 259 पुटिँ । पुण्ट् । पुण्टयति / ते, पुण्टति । U । सेट् । स०

1793 जि (भाषार्थः) । भासार्थः । speak, shine

10c 260 जि । जि । जाययति / ते । U । सेट् । स०

1794 चि (भाषार्थः)। जि चि–जुचि इत्येके । 6.1.54 चिस्फुरोर्णौ । illumine

10c 261 चि । चि । चाययति / ते, चापयति / ते । U । सेट् । स०

1795 रघि (भाषायाम्) । इदित् वैकल्पिकः णिच् । shine, speak

10c 262 रघिँ । रङ्घ् । रङ्घयति / ते, रङ्घति । U । सेट् । स०

1796 लघि (भाषायाम्) । shine, speak, go beyond

10c 263 लघिँ । लङ्घ् । लङ्घयति / ते, लङ्घति । U । सेट् । स०

1797 अहि (भाषायाम्) । speak, shine

10c 264 अहिँ । अंह् । अंहयति / ते, अंहति । U । सेट् । स०

1798 रहि (भाषायाम्) । shine, speak

10c 265 रहिँ । रंह् । रंहयति / ते, रंहति । U । सेट् । स०

1799 महि च । भाषार्थाः । shine, speak

10c 266 महिँ । मंह् । मंहयति / ते, मंहति । U । सेट् । स०

1800 लडि (भाषायाम्) । shine, speak, deliver discourse

10c 267 लडिँ । लण्ड् । लण्डयति / ते, लण्डति । U । सेट् । स०

1801 तड (भाषायाम्) । तुड इत्येके । strike, beat

10c 268 तडँ । तड् । ताडयति / ते । U । सेट् । स०

1802 नल च । भाषार्थाः । shine, speak

10c 269 नलँ । नल् । नालयति / ते । U । सेट् । स०

1803 पूरी आप्यायने । ईदित् वैकल्पिकः णिच् । satisfy, fill, be filled

10c 270 पूरीँ । पूर् । पूरयति / ते, पूरति । U । सेट् । स०

1804 रुज हिंसायाम् । hurt, harm

10c 271 रुजँ । रुज् । रोजयति / ते । U । सेट् । स०

1805 ष्वद आस्वादने । स्वाद इत्येके । आङ् उपसर्गः योगेन सकर्मकः । savour, sweeten, enjoy

10c 272 ष्वदँ । स्वद् । आस्वादयति / ते । U । सेट् । स०

वृत् । आस्वदीयाः गताः । आ धृषाद्वा । गणसूत्र । अथ आधृषीयः अन्तर्गणः । (युजादिः अन्तर्गणः तु) । इत ऊर्ध्वं विभाषितणिचो धृषधातुम् अभिव्याप्य । पक्षे शप् ।

1806 युज (संयमने) । आधृषीयः , वैकल्पिकः णिचः । restrain, check, discipline, concentrate

10c 273 युजँ । युज् । योजयति / ते, योजति । U । सेट् । स०

1807 पृच संयमने । restrain, check, discipline, concentrate

10c 274 पृचँ । पृच् । पर्चयति / ते, पर्चति । U । सेट् । स०

1808 अर्च पूजायाम् । आधृषीयः । शाकटायनः आत्मनेपदित्वं । worship

10c 275 अर्चँ । अर्च् । अर्चयति / ते, अर्चीते (अर्चते) । U । सेट् । स०

1809 षह मर्षणे । आधृषीयः । tolerate, conquer

10c 276 षहँ । सह् । साहयति / ते, सहति । U । सेट् । स०

1810 ईर क्षेपे । inspire, impel, throw, move

10c 277 ईरँ । ईर् । ईरयति / ते, ईरति । U । सेट् । स०

1811 ली द्रवीकरणे । melt, dissolve, be one with, stick

10c 278 ली । ली । लाययति / ते, लयति । U । सेट् । स०

1812 वृजी वर्जने । let go, avoid, prevent

10c 279 वृजीँ । वृज् । वर्जयति / ते, वर्जति । U । सेट् । स०

1813 वृञ् आवरणे । 7.2.42 लिङि० । like, choose, cover, prevent

10c 280 वृञ् । वृ । वारयति / ते, वरति / ते । U । सेट् । स०

1814 जॄ वयोहानौ । grow old, decay

10c 281 जॄ । जॄ । जारयति / ते, जरति । U । सेट् । अ०

1815 ज्रि च । वयोहानौ । be old, decay

10c 282 ज्रि । ज्रि । ज्राययति / ते, ज्रयति । U । सेट् । स०

1816 रिच वियोजनसम्पर्चनयोः । divide, discharge

10c 283 रिचँ । रिच् । रेचयति / ते, रेचति । U । सेट् । स०

1817 शिष असर्वोपयोगे । spare, leave remainder, save some

10c 284 शिषँ । शिष् । शेषयति / ते, शेषति । U । सेट् । स०

1818 तप दाहे । heat, burn

10c 285 तपँ । तप् । तापयति / ते, तपति । U । सेट् । स०

1819 तृप तृप्तौ । सन्दीपने इत्येके । please, be pleased

10c 286 तृपँ । तृप् । तर्पयति / ते, तर्पति । U । सेट् । स०*

1820 छृदी सन्दीपने । चृप छृप तृप दृप सन्दीपने इत्येके । burn, kindle, play, shine, vomit

10c 287 छृदीँ । छृद् । छर्दयति / ते, छर्दति । U । सेट् । स०

1821 दृभी भये । fear

10c 288 दृभीँ । दृभ् । दर्भयति / ते, दर्भति । U । सेट् । अ०

1822 दृभ सन्दर्भे । collect, mix, unite

10c 289 दृभँ । दृभ् । दर्भयति / ते, दर्भति । U । सेट् । स०

1823 श्रथ मोक्षणे । हिंसायाम् इत्यन्ये । liberate, release, kill

10c 290 श्रथँ । श्रथ् । श्राथयति/ते, श्रथति । U । सेट् । स०

1824 मी गतौ । go, understand
10c 291 मी । मी । माययति/ते, मयति । U । सेट् । स०

1825 ग्रन्थ बन्धने । fasten, string together, tie
10c 292 ग्रन्थँ । ग्रन्थ् । ग्रन्थयति/ते, ग्रन्थति । U । सेट् । स०

1826 शीक आमर्षणे । scold, touch, be calm, endure
10c 293 शीकँ । शीक् । शीकयति/ते, शीकति । U । सेट् । अ०

1827 चीक च । आमर्षणे । bear, tolerate, be impatient, be intolerant
10c 294 चीकँ । चीक् । चीकयति/ते, चीकति । U । सेट् । अ०

1828 अर्द हिंसायाम् । स्वरितेत् । hurt, torment
10c 295 अर्दँ । अर्द् । अर्दयति/ते, अर्दति/ते । U । सेट् । स०

1829 हिसि हिंसायाम् । strike, give pain
10c 296 हिसिँ । हिंस् । हिंसयति/ते, हिंसति । U । सेट् । स०

1830 अर्ह पूजायाम् । worship, deserve
10c 297 अर्हँ । अर्ह् । अर्हयति/ते, अर्हति । U । सेट् । स०

1831 आङः षद पद्यर्थे । गतौ । 7.3.78 पाघ्रा० इति सीद् । attack, go
10c 298 आङः षदँ । आसद् । आसादयति/ते, आसीदति । U । सेट्* । स०

1832 शुन्ध शौचकर्मणि । purify, cleanse
10c 299 शुन्धँ । शुन्ध् । शुन्धयति/ते, शुन्धति । U । सेट् । अ०

1833 छद अपवारणे । स्वरितेत् । cover , keep secret, conceal
10c 300 छदँ । छद् । छादयति/ते, छदति/ते । U । सेट् । स०

1834 जुष परितर्कणे । परितर्पणे इत्यन्ये । reason, investigate, cause pain, like, fondle

10c 301 जुषँ । जुष् । जोषयति / ते, जोषति । U । सेट् । स०

1835 धूञ् कम्पने । वा० धूञ्-प्रीञोः नुक् वक्तव्यः इति नुक् । tremble, shake, be shaken

10c 302 धूञ् । धू । धूनयति / ते, धावयति/ते, धवति / ते । U । सेट् । स०

1836 प्रीञ् तर्पणे । वा० धूञ्प्रीञोर्नुग्वक्तव्यः इति नुक् । please

10c 303 प्रीञ् । प्री । प्रीणयति/ते, प्राययति/ते, प्रयति/ते । U । सेट् । स०

1837 श्रन्थ (सन्दर्भे) । put together, compose, set in order

10c 304 श्रन्थँ । श्रन्थ् । श्रन्थयति / ते, श्रन्थति । U । सेट् । स०

1838 ग्रन्थ सन्दर्भे । put together, compose

10c 305 ग्रन्थँ । ग्रन्थ् । ग्रन्थयति / ते, ग्रन्थति । U । सेट् । स०

1839 आपॢ लम्भने । स्वरितेदयमित्येके । get, procure

10c 306 आपॢँ । आप् । आपयति / ते, आपति / ते । U । सेट् । स०

1840 तनु श्रद्धोपकरणयोः । उपसर्गात् च दैर्घ्ये । चन श्रद्धोपहननयोरित्येके । confide, trust, help, assist

10c 307 तनुँ । तन् । तानयति / ते, तनति । U । सेट् । स०

1841 वद सन्देशवचने । स्वरितेत् । अनुदात्तेदित्येके <u>वदँ</u> । शाकटायनस्य तु आत्मनेपदी । address, discourse, play music

10c 308 वदँ । वद् । वादयति / ते, वदति / ते । U । सेट् । स०

1842 वच परिभाषणे । speak, describe, talk, declare

10c 309 वचँ । वच् । वाचयति / ते, वचति । U । सेट् । स०

1843 मान पूजायाम् । respect

10c 310 मानँ । मान् । मानयति / ते, मानति । U । सेट् । स०

1844 भू प्राप्तौ । आत्मनेपदी । णिच् सन्नियोगेनैव आत्मनेपदम् इत्येके । पक्षे परस्मैपदी । obtain, gain, think

10c 311 भू। भू । भावयते, भवते (भवति) । A । सेट् । स०

1845 गर्ह विनिन्दने । blame, criticize, accuse, reproach
10c 312 गर्हँ । गर्ह् । गर्हयति / ते, गर्हति । U । सेट् । स०

1846 मार्ग अन्वेषणे । seek, search
10c 313 मार्गँ । मार्ग् । मार्गयति / ते, मार्गति । U । सेट् । स०

1847 कठि शोके ।प्रायेण उत् पूर्वः उत्कण्ठावचनः । mourn, miss
10c 314 कठिँ । कण्ठ् ।कण्ठयति/ते, कण्ठति, (उत्कण्ठयति) । U। सेट्। अ०

1848 मृजू शौचालङ्करणयोः । purify, cleanse, adorn
10c 315 मृजूँ । मृज् । मार्जयति / ते , मार्जति । U । सेट् । स०

1849 मृष तितिक्षायाम् ।स्वरितेत् । forbear, endure, neglect
10c 316 मृषँ । मृष् । मर्षयति / ते, मर्षति / ते । U । सेट् । स०

1850 धृष प्रसहने । defeat, treat with indignity
10c 317 धृषँ । धृष् । धर्षयति / ते, धर्षति । U । सेट् । स०

वृत् । आधृषीयाः गताः । अथ कथादयः अदन्ताः । 6.4.48 अतो लोपः। णिच् drops the अकार। 1.1.57 अचः परस्मिन् पूर्वविधौ । णिच् doesn't cause Guna/Vriddhi. अदन्तः इति अनुनासिकत्वम् (अँ) न । अक् प्रत्याहारः इति अग्लोपी ।

1851 कथ वाक्यप्रबन्धे । कथादयः । narrate, describe
10c 318 कथ । कथ् । कथयति / ते । U । सेट् । स०

1852 वर ईप्सायाम् । कथादयः । wish, seek, choose, ask
10c 319 वर । वर् । वरयति / ते । U । सेट् । स०

1853 गण सङ्ख्याने । कथादयः । count, enumerate, compute
10c 320 गण । गण् । गणयति / ते । U । सेट् । स०

1854 शठ (सम्यगवभाषणे) । speak ill, abuse elegantly, be quiet
10c 321 शठ । शठ् । शठयति / ते । U । सेट् । स०

191

1855 श्वठ सम्यगवभाषणे । speak ill, abuse elegantly, be quiet

10c 322 श्वठ । श्वठ् । श्वठयति/ते । U । सेट् । स०

1856 पट (ग्रन्थे) । string together, weave, split

10c 323 पट । पट् । पटयति/ते । U । सेट् । स०

1857 वट ग्रन्थे । twist as a rope, make a wreath

10c 324 वट । वट् । वटयति/ते । U । सेट् । स०

1858 रह त्यागे । give up, split, leave, delegate, refuse

10c 325 रह । रह् । रहयति/ते । U । सेट् । स०

1859 स्तन (देवशब्दे) । thunder, roar (of clouds)

10c 326 स्तन । स्तन् । स्तनयति/ते । U । सेट् । स०

1860 गदी देवशब्दे । अयम् अनिदित् इक्श्तिपौ । thunder (of clouds)

10c 327 गद । गद् । गदयति/ते । U । सेट् । स०

1861 पत गतौ वा । वा अदन्ते इत्येके । गणसूत्र वा णिजन्तः । fall, go down

10c 328 पत । पत् । पतयति/ते, पतति, पातयति/ते । U । सेट् । स०

1862 पष अनुपसर्गात् । गतौ इत्येव । move, bind

10c 329 पष । पष् । पषयति/ते । U । सेट् । स०

1863 स्वर आक्षेपे । find fault, blame, reprove, censure

10c 330 स्वर । स्वर् । स्वरयति/ते । U । सेट् । स०

1864 रच प्रतियत्ने । decorate, produce, compose, write

10c 331 रच । रच् । रचयति/ते । U । सेट् । स०

1865 कल गतौ सङ्ख्याने च । go, enumerate, calculate

10c 332 कल । कल् । कलयति/ते । U । सेट् । स०

1866 चह परिकल्कने । deceive, be wicked, be proud

10c 333 चह । चह् । चहयति/ते । U । सेट् । अ०

1867 मह पूजायाम् । honour, worship
10c 334 मह । मह् । महयति/ते । U । सेट् । स०

1868 सार (दौर्बल्ये) । be weak, be docile
10c 335 सार । सार् । सारयति/ते । U । सेट् । अ०

1869 कृप (दौर्बल्ये) । कल्पते इति शपि । be weak, be docile
10c 336 कृप । कृप् । कृपयति/ते । U । सेट् । अ०

1870 श्रथ दौर्बल्ये । be weak, be infirm
10c 337 श्रथ । श्रथ् । श्रथयति/ते । U । सेट् । अ०

1871 स्पृह ईप्सायाम् । long for, yearn, wish
10c 338 स्पृह । स्पृह् । स्पृहयति/ते । U । सेट् । स०

1872 भाम क्रोधे । be angry, wrathful, annoyed
10c 339 भाम । भाम् । भामयति/ते । U । सेट् । अ०

1873 सूच पैशुन्ये । gossip, point out mistakes, inform, have ill will
10c 340 सूच । सूच् । सूचयति/ते । U । सेट् । स०

1874 खेट भक्षणे । तृतीयान्ते इत्येके (खेड) । खोट इत्यन्ये । eat, swallow
10c 341 खेट । खेट् । खेटयति/ते । U । सेट् । स०

1875 क्षोट क्षेपे । throw, cast
10c 342 क्षोट । क्षोट् । क्षोटयति/ते । U । सेट् । स०

1876 गोम उपलेपने । besmear, plaster, coat, whitewash
10c 343 गोम । गोम् । गोमयति/ते । U । सेट् । स०

1877 कुमार क्रीडायाम् । be sportful, be playful like a boy
10c 344 कुमार । कुमार् । कुमारयति/ते । U । सेट् । अ०

1878 शील उपधारणे । अभ्यासः । परिचयः । practise, make habit,
go to meet

10c 345 शील । शील् । शीलयति / ते । U । सेट् । स०

1879 साम सान्त्वप्रयोगे । console, soothe

10c 346 साम । साम् । सामयति / ते । U । सेट् । स०

1880 वेल कालोपदेशे । काल इति पृथग्धातुः इत्येके कालयति । mark
time, preach, advise timely

10c 347 वेल । वेल् । वेलयति / ते । U । सेट् । स०

1881 पल्पूल लवनपवनयोः । cut, purify, salt, cleanse with soap

10c 348 पल्पूल । पल्पूल् । पल्पूलयति/ते । U । सेट् । स०

1882 वात सुखसेवनयोः । गतिसुखसेवनेषु इत्येके । be happy,
enjoy, serve, go

10c 349 वात । वात् । वातयति / ते । U । सेट् । स०

1883 गवेष मार्गणे । find, search, trace, investigate

10c 350 गवेष । गवेष् । गवेषयति / ते । U । सेट् । स०

1884 वास उपसेवायाम् । light incense,put scent,fumigate,be fragrant,spice

10c 351 वास । वास् । वासयति / ते । U । सेट् । स०

1885 निवास आच्छादने । cover, dress up

10c 352 निवास । निवास् । निवासयति/ते । U । सेट् । स०

1886 भाज पृथक्कर्मणि । split, break into pieces, divide, distribute

10c 353 भाज । भाज् । भाजयति / ते । U । सेट् । स०

1887 सभाज प्रीतिदर्शनयोः । प्रीतिसेवनयोः इत्येके । love, serve,
look with affection, praise

10c 354 सभाज । सभाज् । सभाजयति/ते । U । सेट् । स०

1888   ऊन परिहाणे । lessen, discount, measure

10c 355   ऊन । ऊन् । ऊनयति/ते । U । सेट् । स०

1889   ध्वन शब्दे । sound

10c 356   ध्वन । ध्वन् । ध्वनयति/ते । U । सेट् । अ०

1890   कूट परितापे । परिदाह इति अन्ये । burn, cause pain

10c 357   कूट । कूट् । कूटयति/ते । U । सेट् । स०

1891   सङ्केत (आमन्त्रणे) । inform, invite, counsel

10c 358   सङ्केत । सङ्केत् । सङ्केतयति ते । U । सेट् । स०

1892   ग्राम (आमन्त्रणे) । invite

10c 359   ग्राम । ग्राम् । ग्रामयति/ते । U । सेट् । स०

1893   कुण (आमन्त्रणे) । converse with, address, preach, call

10c 360   कुणँ । कुण् । कुणयति/ते । U । सेट् । स०

1894   गुण चामन्त्रणे । चात् कूटोऽपि इति मैत्रेयः । कूटयति । चकारात् केत च इति, कूण सङ्कोचने इति च अत्र पठन्ति । invite, advise, multiply, counsel, seek advice

10c 361   गुण । गुण् । गुणयति/ते । U । सेट् । स०

1895   केत श्रावणे निमन्त्रणे च । hear, invite, call, advise

10c 362   केत । केत् । केतयति/ते । U । सेट् । स०

1896   कूण सङ्कोचनेऽपि । सङ्कोचने इति – सिद्धान्तकौमुदी । contract, close; call, invite, advise

10c 363   कूण । कूण् । कूणयति/ते । U । सेट् । स०

1897   स्तेन चौर्ये । steal, rob

10c 364   स्तेन । स्तेन् । स्तेनयति/ते । U । सेट् । स०

आ गर्वादात्मनेपदिनः । गणसूत्र। अथ आगर्वीय अन्तर्गणः दश आत्मनेपदिनः । इतः परे गर्व माने इति वक्ष्यमाणपर्यन्ता आत्मनेपदिनः ।

1898 पद गतौ । go, move, fall

10c 365 पद । पद् । पदयते । A । सेट् । स०

1899 गृह ग्रहणे । seize, take, accept

10c 366 गृह । गृह् । गृहयते । A । सेट् । स०

1900 मृग अन्वेषणे । search, seek, hunt

10c 367 मृग । मृग् । मृगयते । A । सेट् । स०

1901 कुह विस्मापने । astonish, germinate, grow, show a miracle

10c 368 कुह । कुह् । कुहयते । A । सेट् । स०

1902 शूर (विक्रान्तौ) । be a hero, be powerful

10c 369 शूर । शूर् । शूरयते । A । सेट् । अ०

1903 वीर विक्रान्तौ । be brave, be valiant

10c 370 वीर । वीर् । वीरयते । A । सेट् । अ०

1904 स्थूल परिबृंहणे । be fat, be fit, be healthy

10c 371 स्थूल । स्थूल् । स्थूलयते । A । सेट् । अ०

1905 अर्थ उपयाच्ञायाम् । वैकल्पिक णिच्। request,sue, ask in marriage

10c 372 अर्थ । अर्थ् । अर्थयते, अर्थते । A । सेट् । स०

1906 सत्र सन्तानक्रियायाम्। अषोपदेशे इति नित्यं णिच् । extend, be together

10c 373 सत्र । सत्र् । सत्रयते । A । सेट् । अ०

1907 गर्व माने । अदन्तत्वसामर्थ्याण्णिज्विकल्पः । एवमग्रेऽपि । be proud, be arrogant

10c 374 गर्व । गर्व् । गर्वयते, गर्वते । A । सेट् । अ०

वृत् । आगर्वीयाः गताः । अथ उभयपदिनः आगताः ।

1908 सूत्र वेष्टने । नित्यं णिच् । tie cord, wrap rope,release bonds,tell briefly

| 10c 375 | सूत्र । सूत्र् । सूत्रयति / ते । U । सेट् । स० |

1909 मूत्र प्रस्रवणे ।संयुक्ते वैकल्पिक णिच् । urinate

| 10c 376 | मूत्र । मूत्र् । मूत्रयति / ते, मूत्रति । U । सेट् । अ० |

1910 रूक्ष पारुष्ये । be difficult, be harsh, speak harshly, dry up

| 10c 377 | रूक्ष । रूक्ष् । रूक्षयति / ते, रूक्षति । U । सेट् । अ० |

1911 पार (कर्मसमाप्तौ) । accomplish, overcome

| 10c 378 | पार । पार् । पारयति / ते । U । सेट् । स० |

1912 तीर कर्मसमाप्तौ । complete, finish, accomplish

| 10c 379 | तीर । तीर् । तीरयति / ते । U । सेट् । स० |

1913 पुट संसर्गे । bind, mix

| 10c 380 | पुट । पुट् । पुटयति / ते । U । सेट् । स० |

1914 धेक दर्शन इत्येके । अयं धातुः अनयत्र पाठेषु न दृश्यते । look, view, perceive

| 10c 381 | धेक । धेक् । धेकयति / ते । U । सेट् । स० |

1915 कत्र शैथिल्ये ।कर्त इत्यप्येके । वैकल्पिकः णिच् । slacken, relax

| 10c 382 | कत्र । कत्र् । कत्रयति / ते, कत्रति । U । सेट् । स० |

गणसूत्र० 203 प्रातिपदिकाद्धात्वर्थे बहुलमिष्ठवच्च । गणसूत्र० 204 तत्करोति तदाचष्टे । गणसूत्र० 205 तेनातिक्रामति । गणसूत्र० 206 धातुरूपं च । वा० आख्यानात् कृतस्तदाचष्टे कृल्लुक् प्रकृतिप्रत्यापत्तिः प्रकृतिवच्च कारकम् । गणसूत्र० 207 कर्तृकरणाद्धात्वर्थे। वृत् । Since a new internal group begins here, the force of एवमग्रेऽपि पाक्षिकः णिचः ends. अथ नामधातवः । नित्यं णिच्।Roots made by affixing णिच् to a Nominal Stem प्रातिपदिक

1916 बष्क दर्शने ।वष्क वल्क इत्येके। अयं नामधातुः । see, perceive

| 10c 383 | बष्क । बष्क् । बष्कयति / ते । U । सेट् । स० |

1917 चित्र चित्रीकरणे ।कदाचित् दर्शने । take a picture, draw, evoke wow feeling from a scene

10c 384 चित्र । चित्र् । चित्रयति / ते । U । सेट् । स०

1918 अंस समाघाते । अंश इत्येके । divide, distribute

10c 385 अंस । अंस् । अंसयति / ते । U । सेट् । स०

अंश । अंश् । अंशयति / ते । U । सेट् । स०

1919 वट विभाजने । divide, separate

10c 386 वट । वट् । वटयति / ते । U । सेट् । स०

1920 लज प्रकाशने । वटि लजि इत्येके । be seen, appear, shine

10c 387 लज । लज् । लजयति / ते । U । सेट् । अ०

1921 मिश्र सम्पर्के । collect, mix

10c 388 मिश्र । मिश्र् । मिश्रयति / ते । U । सेट् । स०

1922 सङ्ग्राम युद्धे ।अदन्तः,अग्लोपी।अयमनुदात्तेत् अकारप्रश्लेषात् । fight

10c 389 सङ्ग्रामअँ । सङ्ग्राम् । सङ्ग्रामयते । A । सेट् । अ०

1923 स्तोम श्लाघायाम् । praise, laud, flatter

10c 390 स्तोम । स्तोम् । स्तोमयति / ते । U । सेट् । स०

1924 छिद्र कर्णभेदने । करणभेदने इत्येके ।कर्ण इति धात्वन्तरमित्यपरे।
pierce the ears

10c 391 छिद्र । छिद्र् । छिद्रयति / ते । U । सेट् । स०

1925 अन्ध दृष्ट्युपघाते ।उपसंहारे इत्यन्ये । be blind, close eyes, make blind

10c 392 अन्ध । अन्ध् । अन्धयति / ते । U । सेट् । अ०

1926 दण्ड दण्डनिपातने । punish

10c 393 दण्ड । दण्ड् । दण्डयति / ते । U । सेट् । द्वि०

1927 अङ्क पदे लक्षणे च । count, mark, roam

10c 394 अङ्क । अङ्क् । अङ्कयति / ते । U । सेट् । स०

1928 अङ्ग च ।पदे लक्षणे च । count, mark, wander

198

10c 395 । अङ्ग । अङ्ग् । अङ्गयति / ते । U । सेट् । स०

1929 सुख (तत्क्रियायाम्) । सुखक्रियायाम् । please, gladden, be happy, make happy

10c 396 सुख । सुख् । सुखयति / ते । U । सेट् । अ०

1930 दुःख तत्क्रियायाम् । cause pain, be afflicted, deceive

10c 397 दुःख । दुःख् । दुःखयति / ते । U । सेट् । अ०

1931 रस आस्वादनस्नेहनयोः । relish, taste, love, feel for

10c 398 रस । रस् । रसयति / ते । U । सेट् । स०

1932 व्यय वित्तसमुत्सर्गे । spend, dissipate, give away

10c 399 व्यय । व्यय् । व्यययति / ते । U । सेट् । स०

1933 रूप रूपक्रियायाम् । be fashionable, act, perform, gesticulate, see beauty, make beautiful

10c 400 रूप । रूप् । रूपयति / ते । U । सेट् । स०

1934 छेद द्वैधीकरणे । cut, bisect, divide into two

10c 401 छेद । छेद् । छेदयति / ते । U । सेट् । स०

1935 छद अपवारणे । इत्येके । cover, veil, remove

10c 402 छद । छद् । छदयति / ते । U । सेट् । स०

1936 लाभ प्रेरणे । prompt, send, blow, throw

10c 403 लाभ । लाभ् । लाभयति / ते । U । सेट् । स०

1937 व्रण गात्रविचूर्णने । hurt, wound

10c 404 व्रण । व्रण् । व्रणयति / ते । U । सेट् । स०

1938 वर्ण वर्णक्रियाविस्तारगुणवचनेषु । वर्णक्रिया वर्णकरणं वर्णनं वा । describe, narrate, expand, colour, polish, praise, illuminate

10c 405 वर्ण । वर्ण् । वर्णयति / ते । U । सेट् । स०

गणसूत्र० 208 ॥ बहुलमेतन्निदर्शनम् ॥ अदन्तधातुनिदर्शनमित्यर्थः ।

1939 पर्ण हरितभावे । make green, be greenish

10c 406 पर्ण । पर्ण् । पर्णयति/ते । U । सेट् । अ०*

1940 विष्क दर्शने । see, perceive

10c 407 विष्क । विष्क् । विष्कयति/ते । U । सेट् । स०

1941 क्षिप प्रेरणे । क्षप । throw, send, bear, cry

10c 408 क्षिप । क्षिप् । क्षिपयति/ते । U । सेट् । स०
क्षप । क्षप् । क्षपयति/ते । U । सेट् । स०

1942 वस निवासे । dwell, inhabit, live, stay, abide, reside

10c 409 वस । वस् । वसयति/ते । U । सेट् । अ०

1943 तुत्थ आवरणे । अयं नामधातुः । अदन्तः,अग्लोपी । cover,spread, praise

10c 410 तुत्थ । तुत्थ् । तुत्थयति/ते । U । सेट् । स०

वृत् । नामधातवः गताः । कथादयः अदन्ताः गताः ।

Opinion of ancient Grammarians is summed up
एवं आन्दोलयति प्रेङ्खोलयति विडम्बयति अवधीरयति इत्यादि । अन्ये तु दशगणीपाठो बहुलम् इत्याहुः। तेनापठिता अपि सौत्राः लौकिकाः वैदिकाः अपि द्रष्टव्याः इत्याहुः। अपरे तु नवगणीपाठो बहुलमित्याहुः । तेनापठितेभ्योऽपि क्वचित् स्वार्थे णिच् । रामो राज्यमचीकरत् इत्यादि सिद्धिः इत्याहुः । चुरादिभ्यः एव बहुलं णिजित्यर्थ इत्यन्ये ॥ गणसूत्र० 209 णिङङ्गात् निरसने ॥ गणसूत्र० 210 श्वेताश्वाश्वतरगालोडिताह्वरकाणाम् अश्वतरेतकलोपः च ॥ गणसूत्र० 211 पुच्छादिषु धात्वर्थे इत्येव सिद्धम् ॥ Dhatupatha ends with word सिद्धम् a Blessing and Prayer. We also recall that Dhatupatha begins with भू सत्तायाम् that means Birth, Truth, Existence, Stable governance.
॥ इति स्वार्थणिजन्ताः चुरादयः ॥

॥ इति श्री पाणिनिमुनिप्रणीतः धातुपाठः समाप्तः ॥

END of Dhatupatha

Alphabetical Index of Dhatus

Indexed on original Dhatu as in Dhatupatha.
Contains 1943 Dhatus along with Tag letters.
Shows Dhatu Number which is unique and easily referenced in standard Dhatupathas.

Easily locate dhatus that begin with a tag letter e.g.
उबुन्दिर् 876 , ञिइन्धी 1448 , टुओश्वि 1010 , etc.

Dhatus with णो नः नत्वम् are under ण , e.g. णक्ष 662 , णख 134

Dhatus with षः सः सत्वम् are under ष , e.g. षगे 789 , षघ 1268

इदित् Dhatus e.g. अकि 87 , अजि 1785 , अठि 261

Dhatus that have a penultimate नकार are listed with the नकार changed to the corresponding row class nasal, e.g.
अञ्चु 188 , तुम्प 1311

Out of 1943 Roots, there are some 662 Dhatus that are commonly found in literature. These have been highlighted to aid one's study. Two Dhatus did not make it to the index, being alternate listed in the dhatu sutra. These are ध्राघृ 114 and धूञ् 1255. However ञिष्विदा is present as ष्विदा 1188.

अ		अदि	62	असु	1209	ई		
अंश	1918	अन	1070	अह	1272	ईक्ष	610
अंस	1918	अनोरुध	1174	अहि	635	ईखि	142
अक	792	अन्ध	1925	अहि	1797	ईङ्	1143
अकि	87	अबि	378	आ		ईज	182
अखू	654	अभ्र	556	आङःपद	1831	ईड	1019
अग	793	अम	465	आङःक्रन्द	1727	ईड	1667
अगि	146	अम	1720	आङःशसि	629	ईर	1018
अचि	109	अय	474	आङःशासु	1022	ईर	1810
अङ्क	1927	अर्क	1643	आछि	209	ईर्ष्य	510
अङ्ग	1928	अर्च	204	आपॢ	1260	ईर्ष्य	511
अज	230	अर्च	1808	आपॢ	1839	ईश	1020
अजि	1785	अर्ज	224	आस	1021	ईशुचिर्	1165
अञ्चु	188	अर्ज	1725	इ		ईष	611
अञ्चु	862	अर्थ	1905	इक्	1047	ईष	684
अञ्चु	1738	अर्द	55	इख	140	ईह	632
अञ्जू	1458	अर्द	1828	इखि	141	उ	
अट	295	अर्ब	415	इगि	153	उक्ष	657
अट्ट	254	अर्व	584	इङ्	1046	उख	128
अट्ट	1561	अर्ह	740	इट	318	उखि	129
अठि	261	अर्ह	1731	इण्	1045	उङ्	953
अड	358	अर्ह	1830	इदि	63	उच	1223
अड्डु	348	अल	515	इल	1357	उच्छि	215
अण	444	अव	600	इल	1660	उच्छि	1294
अण	1175	अश	1523	इवि	587	उच्छी	216
अत	38	अशू	1264	इष	1127	उच्छी	1295
अति	61	अस	886	इष	1351	उच्छ्रादिर्	1445
अद	1011	अस	1065	इष	1525	उज्झ	1304

202

उठ	338	ऋधु	1245	ओहाक्	1090	कदि	70
उतृदिर्	1446	ऋधु	1271	ओहाङ्	1089	कदि	772
उध्रस	1524	ऋफ	1315	**औ**		कनी	460
उध्रस	1742	ऋम्फ	1316	no entry		कपि	375
उन्दी	1457	ऋषी	1287	**क**		कबृ	380
उबुन्दिर्	876	**ॠ**		कक	90	कमु	443
उब्ज	1303	ॠ	1497	ककि	94	कर्ज	228
उभ	1319	**ऌ**		कख	120	कर्द	59
उम्भ	1320	no entry		कखे	784	कर्ब	420
उर्द	20	**ए**		कगे	791	कर्व	581
उर्वी	569	एजृ	179	कच	168	कल	497
उष	696	एजृ	234	कचि	169	कल	1604
उहिर्	739	एठ	267	कटी	320	कल	1865
ऊ		एध	2	कटे	294	कल्ल	498
ऊन	1888	एषृ	618	कठ	333	कष	685
ऊयी	483	**ऐ**		कठि	264	कस	860
ऊर्ज	1549	no entry		कठि	1847	कसि	1024
ऊर्णुञ्	1039	**ओ**		कड	360	काक्षि	667
ऊष	683	ओखृ	121	कड	1380	काचि	170
ऊह	648	ओणृ	454	कडि	282	काशृ	647
ऋ		ओप्यायी	488	कडि	1582	काशृ	1162
ऋ	936	ओलजी	1290	कडु	349	कासृ	623
ऋ	1098	ओलडि	1542	कण	449	कि	1101
ऋच	1302	ओलस्जी	1291	कण	794	किट	301
ऋच्छ	1296	ओविजी	1289	कण	1715	किट	319
ऋज	176	ओविजी	1460	कत्थ	37	कित	993
ऋजि	177	ओवै	921	कत्र	1915	किल	1353
ऋणु	1467	ओत्रश्रू	1292	कथ	1851	कीट	1640

कील	524	कुबि	1655	कृ	1409	क्लिदि	15
कु	1042	कुमार	1877	कृ	1496	क्लिदि	73
कुक	91	कुर	1341	कृञ्	1485	क्लिदू	1242
कुङ्	951	कुर्द	21	कृत	1653	क्लिश	1161
कुङ्	1401	कुल	842	कृप	1748	क्लिशू	1522
कुच	184	कुशि	1765	केत	1895	क्लीबृ	381
कुच	857	कुष	1518	केपृ	368	क्लेश	607
कुच	1368	कुस	1218	केलृ	537	क्रण	450
कुजु	199	कुसि	1763	कै	916	क्रथे	846
कुञ्च	185	कुस्म	1711	क्नथ	800	क्षजि	769
कूट	1366	कुह	1901	क्नसु	1113	क्षणु	1465
कुट्ट	1558	कूज	223	क्नूञ्	1480	क्षपि	1620
कुट्ट	1702	कूट	1701	क्नूयी	485	क्षमू	1206
कुठि	342	कूट	1890	क्मर	555	क्षमूष्	442
कुड	1383	कूण	1688	क्रथ	801	क्षर	851
कुडि	270	कूण	1896	क्रदि	71	क्षल	1597
कुडि	322	कूल	525	क्रदि	773	क्षि	236
कुडि	1583	कृञ्	1253	क्रप	771	क्षि	1276
कुण	1335	कृड	1382	क्रमु	473	क्षि	1407
कुण	1893	कृती	1435	क्रीडृ	350	क्षिणु	1466
कुत्स	1697	कृती	1447	क्रुञ्च	186	क्षिप	1121
कुथ	1118	कृप(कृपेः)	1748	क्रुड	1394	क्षिप	1285
कुथि	43	कृप	1869	क्रुध	1189	क्षिप(क्षप)	1941
कुद्रि	1539	कृपू	762	क्रुश	856	क्षीज	237
कुन्थ	1514	कृवि	598	क्लथ	802	क्षीबृ	382
कुप	1233	कृश	1227	क्लदि	72	क्षीवु	567
कुप	1779	कृष	990	क्लदि	774	क्षीष्	1506
कुबि	426	कृष	1286	क्लमु	1207	क्षुदिर्	1443

क्षुध	1190	खष	686	गर्ज	226	गुप	1771
क्षुभ	751	खादृ	49	गर्द	57	गुपू	395
क्षुभ	1239	खिट	302	गर्ब	422	गुफ	1317
क्षुभ	1519	खिद	1170	गर्व	583	गुम्फ	1318
क्षुर	1344	खिद	1436	गर्व	1907	गुरी	1396
क्षेवु	568	खिद	1449	गर्ह	636	गुर्द	23
क्षै	913	खुजु	200	गर्ह	1845	गुर्द	1665
क्षोट	1875	खुडि	1585	गल	546	गुर्वी	574
क्ष्णु	1037	खुर	1342	गल	1699	गुहू	896
क्ष्मायी	486	खुर्द	22	गल्भ	392	गूर	1694
क्ष्मील	520	खेट	1874	गल्ह	637	गूरी	1154
क्ष्वेलृ	539	खेलृ	538	गवेष	1883	गृ	937
ख		खै	912	गा	1106	गृ	1707
खच	1531	खोरृ	552	गाङ्	950	गृज	248
खज	232	खोलृ	551	गाधृ	4	गृजि	249
खजि	233	ख्या	1060	गाहू	649	गृध्ु	1246
खट	309	**ग**		गु	1399	गृह	1899
खट्ट	1632	गज	246	गुङ्	949	गृहू	650
खड	1580	गज	1647	गुज	1369	गृ	1410
खडि	283	गजि	247	गुजि	203	गृ	1498
खडि	1581	गड	777	गुड	1370	गेपृ	369
खद	50	गडि	65	गुडि	1584	गेवृ	502
खनु	878	गडि	361	गुण	1894	गेषृ	614
खर्ज	229	गण	1853	गुद	24	गै	917
खर्द	60	गद	52	गुध	1120	गोम	1876
खर्ब	421	गदी(गद)	1860	गुध	1517	गोष्ट	257
खर्व	582	गन्ध	1684	गुप	970	ग्रथि	36
खल	545	गम्ू	982	गुप	1234	ग्रन्थ	1513

ग्रन्थ	1825	घुण	437	चण	796	चिञ्	1251
ग्रन्थ	1838	घुण	1338	चते	865	चिञ्	1629
ग्रस	1749	घुणि	435	चदि	68	चिट	315
ग्रसु	630	घुर	1345	चदे	866	चित	1673
ग्रह	1533	घुषि	652	चप	399	चिति	1535
ग्राम	1892	घुषिर्	653	चप	1626	चिती	39
ग्रुचु	197	घुषिर्	1726	चपि	1619	चित्र	1917
ग्लसु	631	घूरी	1155	चमु	469	चिरि	1277
ग्लह	651	घूर्ण	438	चमु	1274	चिल	1355
ग्लुचु	198	घूर्ण	1339	चय	478	चिल्ल	533
ग्लुञ्चु	201	घृ	938	चर	559	चीक	1827
ग्लेपृ	366	घृ	1096	चर	1745	चीभृ	384
ग्लेपृ	370	घृ	1650	चक्रीतं	1081	चीव	1774
ग्लेवृ	503	घृणि	436	चर्च	717	चीबृ	879
ग्लै	903	घृणु	1469	चर्च	1299	चुक्क	1596
घ		घृषु	708	चर्च	1712	चुट	1377
घघ	159	घ्रा	926	चर्ब	425	चुट	1613
घट	763	**ङ**		चर्व	579	चुटि	1659
घट	1723	ङुङ्	954	चल	832	चुट्ट	1560
घट	1766	**च**		चल	1356	चुड	1392
घटि	1767	चक	93	चल	1608	चुडि	325
घट्ट	259	चक	783	चलिः	812	चुडु	347
घट्ट	1630	चकासृ	1074	चष	889	चुद	1592
घसृ	715	चक्क	1595	चह	729	चुप	403
घिणि	434	चक्षिङ्	1017	चह	1626	चुबि	429
घुङ्	952	चञ्चु	190	चह	1866	चुबि	1635
घुट	746	चट	1721	चायृ	880	चुर	1534
घुट	1385	चडि	278	चि	1794	चुल	1602

206

चुल्ल	531	ज		जीव	562	ज्वल	831
चूरी	1158	जक्ष	1071	जुगि	157	झ	
चूर्ण	1552	जज	242	जुड	1326	झट	306
चूर्ण	1641	जजि	243	जुड	1379	झमु	472
चूष	673	जट	305	जुड	1646	झर्झ	718
चृती	1324	जन	1105	जुतृ	32	झर्झ	1300
चेलृ	536	जनी	1149	जुष	1834	झष	689
चेष्ट	256	जप	397	जुषी	1288	झष	891
च्यु	1746	जभि	1716	जूरी	1156	झृष्	1131
च्युङ्	955	जभी	388	जूष	681	ञ	
च्युतिर्	40	जमु	471	जृभि	389	ञिइन्धी	1448
छ		जर्ज	716	जृ	1494	ञिक्षिदा	1244
छजि	1621	जर्ज	1298	जृ	1814	ञितृषा	1228
छद	1833	जल	833	जृष्	1130	ञित्वरा	775
छद	1935	जल	1543	जेषृ	616	ञिधृषा	1269
छदि	1577	जल्प	398	जेह्ह	644	ञिफला	516
छदिर्	813	जष	688	जै	914	ञिभी	1084
छमु	470	जसि	1666	ञ		ञिमिदा	743
छर्द	1589	जसु	1211	ञप	1624	ञिमिदा	1243
छष	890	जसु	1668	ञा	811	ञिष्वप	1068
छिदिर्	1440	जसु	1718	ञा	1507	ञिष्विदा	744
छिद्र	1924	जागृ	1072	ञा	1732	ञिष्विदा	978
छुट	1378	जि	561	ज्या	1499	ट	
छुप	1418	जि	946	ज्युङ्	956	टकि	1638
छुर	1372	जि	1793	ज्रि	947	टल	834
छृदी	1820	जिरि	1278	ज्रि	1815	टिकृ	103
छेद	1934	जिवि	594	ज्वर	776	टीकृ	104
छो	1146	जिषु	697	ज्वल	804	टुओश्वि	1010

207

टुओस्फूर्जा	235	डुमिञ्	1250	णिल	1360	तप	985
टुक्षु	1036	डुलभष्	975	णिवि	590	तप	1159
टुदु	1256	डुवप्	1003	णिश	722	तप	1818
टुनदि	67	ढ		णिसि	1025	तमु	1202
टुभ्राजृ	823	ढौकृ	98	णिञ्	901	तय	479
टुभ्राशृ	824	ण		णील	522	तर्क	1780
टुभ्लाशृ	825	णक्ष	662	णीव	566	तर्ज	227
टुमस्जो	1415	णख	134	णु	1035	तर्ज	1681
टुयाच्रृ	863	णखि	135	णुद	1282	तर्द	58
टुवम	849	णट	310	णुद	1426	तल	1598
टुवेपृ	367	णट	781	णू	1397	तसि	1729
ट्वल	835	णद	54	णेदृ	872	तसु	1212
ठ		णद	1778	णेषृ	617	तायृ	489
no entry		णभ	752	त		तिक	1266
ड		णभ	1240	तक	117	तिकृ	105
डप	1676	णभ	1520	तकि	118	तिग	1267
डिप	1232	णम	981	तक्ष	665	तिज	971
डिप	1371	णय	480	तक्षू	655	तिज	1652
डिप	1671	णल	838	तगि	149	तिपृ	362
डिप	1677	णश	1194	तञ्चु	191	तिम	1123
डीङ्	968	णस	627	तञ्चू	1459	तिल	534
डीङ्	1135	णह	1166	तट	308	तिल	1354
डुकृञ्	1472	णासृ	625	तड	1579	तिल	1607
डुक्रीञ्	1473	णिक्ष	659	तड	1801	तीकृ	106
डुदाञ्	1091	णिजि	1026	तडि	280	तीर	1912
डुधाञ्	1092	णिजिर्	1093	तत्रि	1678	तीव	565
डुपचष्	996	णिदि	66	तनु	1463	तुज	244
डुभृञ्	1087	णिदृ	871	तनु	1840	तुजि	245

तुजि	1566	तूण	1689	त्रुफ	410	दशि	1674
तुजि	1755	तूरी	1152	त्रुम्प	407	दशि	1764
तुट	1376	तूल	527	त्रुम्फ	411	दसि	1675
तुड	1386	तूष	674	त्रैङ्	965	दसि	1786
तुडि	276	तृंहू	1350	त्रौकृ	99	दसु	1213
तुड्ड	351	तृणु	1468	त्वक्षू	656	दह	991
तुण	1332	तृप	1195	त्वगि	150	दाण्	930
तुत्थ	1943	तृप	1307	त्वच	1301	दान	994
तुद	1281	तृप	1819	त्वञ्चु	192	दाप्	1059
तुप	404	तृम्फ	1308	त्विष	1001	दाश	1279
तुप	1309	तृह	1455	त्सर	554	दाशृ	882
तुफ	408	तृंहू	1348	**थ**		दासृ	894
तुफ	1311	तृ	969	थुड	1387	दिवि	592
तुबि	428	तेज	231	थुर्वी	571	दिबु	1107
तुबि	1657	तेपृ	363	**द**		दिबु	1706
तुभ	753	तेवृ	499	दंश	989	दिबु	1724
तुभ	1241	त्यज	986	दक्ष	608	दिश	1283
तुभ	1521	**त्र**		दक्ष	770	दिह	1015
तुम्प	405	त्रकि	97	दघ	1273	दीक्ष	609
तुम्प	1310	त्रक्ष	660	दण्ड	1926	दीङ्	1134
तुम्फ	409	त्रदि	69	दद	17	दीधीङ्	1076
तुम्फ	1312	त्रपूष्	374	दध	8	दीपी	1150
तुर	1102	त्रस	1741	दमु	1203	दु	944
तुर्वी	570	त्रसि	1761	दम्भु	1270	दुःख	1930
तुल	1599	त्रसी	1117	दय	481	दुर्वी	572
तुष	1184	त्रुट	1375	दरिद्रा	1073	दुल	1600
तुस	710	त्रुट	1698	दल	548	दुष	1185
तुहिर्	737	त्रुप	406	दल	1751	दुह	1014

दुहिर्	738	द्राह्ह	646	धृङ्	960	ध्वाक्षि	672
दूङ्	1133	दु	945	धृङ्	1412	ध्वृ	939
दृ	1280	द्रुण	1337	धृज	219	**न**	
दृङ्	1411	दुह	1197	धृजि	220	नक्क्	1593
दृप	1196	दूञ्	1481	धृञ्	900	नट	1545
दृप	1313	द्रेकृ	78	धृष	1850	नट	1791
दृभ	1822	द्रै	906	धेक	1914	नर्द	56
दृभी	1323	द्विष	1013	धेट्	902	नल	1802
दृभी	1821	**ध**		धोरृ	553	नाथृ	6
दृम्फ	1314	धक्क्	1594	ध्मा	927	नाधृ	7
दृशिर्	988	धन	1104	ध्यै	908	निवास	1885
दृह	733	धवि	597	ध्रज	217	निष्क	1686
दृहि	734	धावु	601	ध्रजि	218	नृती	1116
दॄ	808	धि	1406	ध्रण	459	नृ	809
दॄ	1493	धिक्ष	603	ध्राक्षि	671	नॄ	1495
देङ्	962	धिवि	593	ध्राखृ	125	**प**	
देवृ	500	धिष	1103	ध्राड्ड	288	पक्ष	1550
दैप्	924	धीङ्	1136	ध्रु	943	पचि	174
दो	1148	धुक्ष	602	ध्रु	1400	पचि	1651
द्यु	1040	धुञ्	1255	ध्रेकृ	79	पट	296
द्युत	741	धुर्वी	573	ध्रै	907	पट	1752
द्यै	905	धू	1398	ध्वंसु	755	पट	1856
द्रम	466	धृञ्	1487	ध्वज	221	पठ	330
द्रा	1054	धूञ्	1835	ध्वजि	222	पडि	281
द्राक्षि	670	धूप	396	ध्वण	453	पडि	1615
द्राखृ	124	धूप	1772	ध्वन	816	पण	439
द्राघृ	114	धूरी	1153	ध्वन	828	पत	1861
द्राड्ड	287	धूस	1639	ध्वन	1889	पतृ	845

210

पथि	1575	पिडि	1669	पुष	1529	पेसृ	720
पथे	847	पिवि	588	पुष	1750	पै	920
पद	1169	पिश	1437	पुष्प	1122	पैणृ	458
पद	1898	पिषृ	1452	पुस्त	1590	प्यैङ्	964
पन	440	पिस	1568	पूङ्	966	प्रच्छ	1413
पय	476	पिसि	1762	पूज	1642	प्रथ	765
पर्ण	1939	पिसृ	719	पूञ्	1482	प्रथ	1553
पर्द	29	पीङ्	1141	पूयी	484	प्रस	766
पर्प	412	पीड	1544	पूरी	1151	प्रा	1061
पर्ब	416	पील	521	पूरी	1803	प्रीङ्	1144
पर्व	577	पीव	563	पूल	528	प्रीञ्	1474
पल	839	पुंस	1637	पूल	1636	प्रीञ्	1836
पल्पूल	1881	पुट	1367	पूष	675	पुङ्	957
पश	1719	पुट	1753	पृ	1258	प्रुड	324
पष	1862	पुट	1913	पृङ्	1402	प्रुष	1527
पसि	1616	पुटि	1792	पृच	1807	प्रुषु	703
पा	925	पुट्ट	1559	पृची	1030	प्रेषृ	619
पा	1056	पुड	1384	पृची	1462	प्रोथृ	867
पार	1911	पुण	1333	पृड	1328	प्लिह	642
पाल	1609	पुथ	1119	पृण	1329	प्ली	1503
पि	1405	पुथ	1775	पृथ	1554	प्लुङ्	958
पिच्छ्र	1576	पुथि	44	पृषु	705	प्लुष	1115
पिजि	1028	पुर	1346	पृ	1086	प्लुष	1216
पिजि	1567	पुर्व	576	पृ	1489	प्लुष	1528
पिजि	1757	पुल	841	पृ	1548	प्लुषु	704
पिट	311	पुल	1601	पेलृ	541	प्सा	1055
पिठ	339	पुष	700	पेवृ	504		
पिडि	274	पुष	1182	पेषृ	615		

फ		बिस	1217	भल	495	भ्रंशु	1225
फक्क्	116	बुक्क्	119	भल	1700	भ्रंसु	756
फण	821	बुक्क्	1713	भल्ल	496	भ्रक्ष	892
फल	530	बुगि	158	भष	695	भ्रण	452
फुल्ल	532	बुध	858	भस	1100	भ्रमु	850
फेल	542	बुध	1172	भा	1051	भ्रमु	1205
ब		बुधिर्	875	भाज	1886	भ्रस्ज	1284
बद	51	बुस	1219	भाम	441	भ्राजृ	181
बध	973	बुस्त	1591	भाम	1872	भ्री	1505
बध	1547	बृह	735	भाष	612	भ्रूण	1690
बन्ध	1508	बृहि	736	भासृ	624	भ्रेजृ	180
बर्ब	418	बृहि	1768	भिक्ष	606	भ्रेषृ	884
बर्ह	638	ब्रूञ्	1044	भिदिर्	1439	भ्लक्ष	893
बर्ह	1664	ब्रूस	1663	भुज	1454	भ्लेषृ	885
बर्ह	1769	भ		भुजो	1417	म	
बल	840	भक्ष	1557	भू	1	मकि	89
बल	1628	भज	998	भू (भुवो)	1747	मख	132
बल्ह	639	भज	1733	भू	1844	मखि	133
बल्ह	1770	भजि	1759	भूष	682	मगि	148
बष्क	1916	भञ्ज़ो	1453	भूष	1730	मघि	111
बस्त	1683	भट	307	भृजी	178	मघि	160
बहि	633	भट	780	भृञ्	898	मच	171
बाड़ृ	286	भडि	273	भृड	1395	मचि	173
बाधृ	5	भडि	1588	भृशि	1787	मठ	332
बिट	317	भण	447	भृशु	1224	मठि	263
बिदि	64	भदि	12	भृ	1491	मडि	272
बिल	1359	भर्त्स	1682	भेषृ	883	मडि	321
बिल	1606	भर्व	580	भ्यस	628	मडि	1587

मण	448	महि	1799	मीव	564	मृग	1900
मत्रि	1679	मा	1062	मुच	1743	मृङ्	1403
मथि	46	माक्षि	669	मुचि	172	मृजू	1066
मथे	848	माङ्	1088	मुच्छ	1430	मृजू	1848
मद	1705	माङ्	1142	मुज	250	मृड	1327
मदि	13	मान	972	मुजि	251	मृड	1516
मदी	815	मान	1709	मुट	1374	मृण	1331
मदी	1208	मान	1843	मुट	1614	मृद	1515
मन	1176	मार्ग	1846	मुठि	265	मृधु	874
मनु	1471	मार्ज	1648	मुड	323	मृश	1425
मन्थ	42	माह्	895	मुडि	275	मृष	1164
मन्थ	1511	मिच्छ	1297	मुडि	326	मृष	1849
मभ्र	558	मिजि	1756	मुण	1334	मृषु	707
मय	477	मिदि	1541	मुद	16	मृ	1492
मर्च	1649	मिदृ	868	मुद	1740	मेङ्	961
मर्ब	419	मिल	1364	मुर	1343	मेदृ	869
मर्व	578	मिल	1429	मुच्छ्रा	212	मेधृ	870
मल	493	मिवि	589	मुर्वी	575	मेपृ	371
मल्ल	494	मिश	723	मुष	1530	मेवृ	505
मव	599	मिश्र	1921	मुस	1220	म्रा	929
मव्य	508	मिष	1352	मुस्त	1631	म्रक्ष	1661
मश	724	मिषु	699	मुह	1198	म्रद	767
मष	692	मिह	992	मूङ्	967	म्रुचु	195
मसी	1221	मी	1824	मूत्र	1909	म्रुञ्चु	193
मस्क	102	मीङ्	1137	मूल	529	म्रेड्	293
मह	730	मीञ्	1476	मूल	1603	म्लुचु	196
मह	1867	मीमृ	468	मूष	676	म्लुञ्चु	194
महि	634	मील	517	मृक्ष	664	म्लेच्छ	205

म्लेच्छ	1662	यौट्ट	291	रस	1931	रुज	1804
म्लेट्ट	292	**र**		रह	731	रुजो	1416
म्लेवृ	506	रक	1736	रह	1627	रुट	747
म्लै	904	रक्ष	658	रह	1858	रुट	1783
य		रख	136	रहि	732	रुटि	327
यक्ष	1692	रखि	137	रहि	1798	रुठ	336
यज	1002	रगि	144	रा	1057	रुठि	345
यत	1735	रगे	785	राखृ	122	रुदिर्	1067
यती	30	रघि	107	राघृ	112	रुधिर्	1438
यत्रि	1536	रघि	1795	राजृ	822	रुप	1236
यभ	980	रच	1864	राध	1180	रुश	1419
यम	984	रञ्ज	999	राध	1262	रुशि	1788
यम	1625	रञ्ज	1167	रासृ	626	रुष	693
यमो	819	रट	297	रि	1275	रुष	1230
यसु	1210	रट	334	रि	1404	रुष	1670
या	1049	रण	445	रिगि	154	रुसि	1790
यु	1033	रण	795	रिच	1816	रुह	859
यु	1710	रद	53	रिचिर्	1441	रूक्ष	1910
युगि	156	रध	1193	रिफ	1306	रूप	1933
युच्छ	214	रप	401	रिवि	595	रूष	678
युज	1177	रफ	413	रिश	1420	रेकृ	80
युज	1806	रफि	414	रिष	694	रेट्ट	864
युजिर्	1444	रबि	376	रिष	1231	रेपृ	372
युञ्	1479	रभ	974	री	1500	रेभृ	385
युतृ	31	रमु	853	रीङ्	1138	रेवृ	507
युध	1173	रय	482	रु	1034	रेषृ	620
युप	1235	रवि	596	रुङ्	959	रै	909
यूष	680	रस	713	रुच	745	रोड्ड	356

रौड्ट्	355	लस	714	लुठ	749	वघि	110
ल		लस	1728	लुठि	343	वच	1063
लक्ष	1538	ला	1058	लुठि	346	वच	1842
लक्ष	1696	लाखृ	123	लुण्ठ	1563	वज	252
लख	138	लाघृ	113	लुथि	45	वञ्चु	189
लखि	139	लाछ्धि	207	लुप	1237	वञ्चु	1703
लग	1737	लाज	240	लुपृ	1431	वट	300
लगि	145	लाजि	241	लुबि	427	वट	779
लगे	786	लाभ	1936	लुबि	1656	वट	1857
लघि	108	लिख	1365	लुभ	1238	वट	1919
लघि	1760	लिगि	155	लुभ	1305	वटि	1586
लघि	1796	लिगि	1739	लूञ्	1483	वठ	331
लच्छ	206	लिप	1433	लूष	677	वठि	262
लज	238	लिश	1179	लूष	1610	वडि	271
लज	1920	लिश	1421	लेपृ	373	वण	446
लजि	239	लिह	1016	लोकृ	76	वद	1009
लजि	1784	ली	1501	लोकृ	1776	वद	1841
लट	298	ली	1811	लोचृ	164	वदि	11
लड	359	लीङ्	1139	लोचृ	1777	वन	462
लड	1540	लुजि	1758	लोड्ट्	357	वन	463
लडि	1800	लुभ्र	187	लोष्ट	258	वन	803
लडिः	814	लुट	314	**व**		वनु	1470
लप	402	लुट	748	वकि	88	वभ्र	557
लबि	377	लुट	1222	वकि	95	वय	475
लबि	379	लुट	1381	वक्ष	663	वर	1852
लर्ब	417	लुट	1754	वख	130	वर्च	162
लल	1687	लुटि	328	वखि	131	वर्ण	1551
लष	888	लुठ	337	वगि	147	वर्ण	1938

वर्ध	1654	विजिर्	1094	वृतु	758	व्रज	253
वर्ष	613	विट	316	वृतु	1160	व्रज	1617
वर्ह	640	विथृ	33	वृतु	1781	व्रण	451
वल	491	विद	1064	वृधु	759	व्रण	1937
वल्क	1571	विद	1171	वृधु	1782	व्री	1504
वल्ग	143	विद	1450	वृश	1226	व्रीङ्	1140
वल्भ	391	विद	1708	वृष	1704	व्रीड	1126
वल्ल	492	विदॢ	1432	वृषु	706	व्रुड	1393
वल्ह	641	विध	1325	वृहू	1347	व्ली	1502
वश	1080	विल	1358	वॄ	1490	श	
वष	691	विल	1605	वॄञ्	1486	शंसु	728
वस	1005	विश	1424	वेञ्	1006	शक	1187
वस	1023	विष	1526	वेणृ	877	शकि	86
वस	1744	विषु	698	वेथृ	34	शकॢ	1261
वस	1942	विषॢ	1095	वेल	1880	शच	165
वसु	1214	विष्क	1685	वेलृ	535	शट	299
वस्क	101	विष्क	1940	वेल्ल	540	शठ	340
वह	1004	वी	1048	वेवीङ्	1077	शठ	1564
वा	1050	वीर	1903	वेष्ट	255	शठ	1691
वाक्षि	668	वृक	92	वेहृ	643	शठ	1854
वाच्छि	208	वृक्ष	604	व्यच	1293	शडि	279
वात	1882	वृङ्	1509	व्यथ	764	शण	797
वाशृ	1163	वृजी	1029	व्यध	1181	शदॢ	855
वास	1884	वृजी	1461	व्यय	881	शदॢ	1428
वाहृ	645	वृजी	1812	व्यय	1932	शप	1000
विचिर्	1442	वृञ्	1254	व्युष	1114	शप	1168
विच्छ	1423	वृञ्	1813	व्युष	1215	शब्द	1714
विच्छ	1773	वृण	1330	व्येञ्	1007	शम	1695

शमु	1201	शीङ्	1032	शृधु	873	श्रिज्	897
शमो	818	शीभृ	383	शृधु	1734	श्रिषु	701
शम्ब	1556	शील	523	शृ	1488	श्रीज्	1475
शर्ब	423	शील	1878	शेलृ	543	श्रु	942
शर्व	585	शुच	183	शै	918	श्रै	919
शल	490	शुच्य	513	शो	1145	श्रोणृ	456
शल	843	शुठ	341	शोणृ	455	श्लकि	85
शल्भ	390	शुठ	1644	शौटृ	290	श्लगि	152
शव	725	शुठि	344	श्च्युतिर्	41	श्लाखृ	127
शश	726	शुठि	1645	श्मील	518	श्लाघृ	115
शष	690	शुध	1191	श्यैङ्	963	श्लिष	1186
शसु	727	शुन	1336	**श्र**		श्लिष	1574
शाखृ	126	शुन्ध	74	श्रकि	84	श्लिषु	702
शाडृ	289	शुन्ध	1832	श्रगि	151	श्लोकृ	77
शान	995	शुभ	432	श्रण	798	श्लोणृ	457
शासु	1075	शुभ	750	श्रण	1578	श्वकि	96
शिक्ष	605	शुभ	1321	श्रथ	799	श्वच	166
शिघि	161	शुम्भ	433	श्रथ	1546	श्वचि	167
शिजि	1027	शुम्भ	1322	श्रथ	1823	श्वठ	1565
शिज्	1249	शुल्क	1618	श्रथ	1870	श्वठ	1855
शिट	303	शुल्ब	1611	श्रथि	35	श्वभ्र	1623
शिल	1362	शुष	1183	श्रन्थ	1510	श्वर्त	1622
शिष	687	शूर	1902	श्रन्थ	1512	श्वल	549
शिष	1817	शूरी	1157	श्रन्थ	1837	श्वल्क	1570
शिष्ट	1451	शूर्प	1612	श्रमु	1204	श्वल्ल	550
शीक	1789	शूल	526	श्रम्भु	393	श्वस	1069
शीक	1826	शूष	679	श्रा	810	श्विता	742
शीकृ	75	शृधु	760	श्रा	1053	श्विदि	10

ष		षिञ्	1477	ष्टिघ	1265	ष्वष्क	100
षगे	789	षिट	304	ष्टिपृ	364	ष्विदा	1188
षघ	1268	षिध	47	ष्टिम	1124	स	
षच	163	षिधु	1192	ष्टीम	1125	सङ्केत	1891
षच	997	षिधू	48	ष्टुच	175	सङ्ग्राम	1922
षञ्ज	987	षिल	1363	ष्टुञ्	1043	सत्र	1906
षट	313	षिवु	1108	ष्टुप	1672	सभाज	1887
षट्ट	1633	षु	941	ष्टुभु	394	साध	1263
षण	464	षु	1041	ष्टेपृ	365	साम	1879
षणु	1464	षुञ्	1247	ष्टै	922	सार	1868
षदू	854	षुट्ट	1562	ष्ट्यै	911	सुख	1929
षदू	1427	षुर	1340	ष्ट्रक्ष	661	सूच	1873
षप	400	षुह	1129	ष्ठल	836	सूत्र	1908
षम	829	षू	1408	ष्ठा	928	सूर्ष	666
षम्ब	1555	षूङ्	1031	ष्ठिवु	560	सूर्ष्य	509
षर्ज	225	षूङ्	1132	ष्ठिवु	1110	सृ	935
षर्ब	424	षूद	25	ष्णसु	1112	सृ	1099
षर्व	586	षूद	1717	ष्णा	1052	सृज	1178
षल	547	षृभु	430	ष्णिह	1200	सृज	1414
षस	1078	षृम्भु	431	ष्णिह	1572	सृपू	983
षस्ज	202	षेवृ	501	ष्णु	1038	सेकृ	81
षस्ति	1079	षै	915	ष्णुसु	1111	स्कन्दिर्	979
षह	852	षो	1147	ष्णुह	1199	स्कभि	387
षह	1128	ष्टक	782	ष्णै	923	स्कुञ्	1478
षह	1809	ष्टगे	790	ष्मिङ्	948	स्कुदि	9
षान्त्व	1569	ष्टन	461	ष्वञ्ज	976	स्खद	768
षिच	1434	ष्टभि	386	ष्वद	18	स्खदिर्	820
षिञ्	1248	ष्टम	830	ष्वद	1805	स्खल	544

स्तन	1859	स्मील	519	हि	1257	ह्गे	787
स्तृञ्	1252	स्मृ	807	हिक्क	861	ह्स	711
स्तृहू	1349	स्मृ	933	हिठ	1532	ह्राद	26
स्तृञ्	1484	स्यन्दू	761	हिडि	268	ह्री	1085
स्तेन	1897	स्यम	1693	हिल	1361	ह्रीछ	210
स्तोम	1923	स्यमु	826	हिवि	591	हेष्ट	622
स्त्यै	910	स्रंसु	754	हिसि	1456	ह्गे	788
स्थुड	1388	स्रकि	83	हिसि	1829	ह्प	1658
स्थूल	1904	स्रम्भु	757	हु	1083	ह्स	712
स्पदि	14	स्रिवु	1109	हुडि	269	ह्रादी	27
स्पर्ध	3	स्रु	940	हुडि	277	ह्ल	805
स्पश	887	स्रेकृ	82	हुड्ड	352	ह्वृ	931
स्पश	1680	स्वन	817	हुर्छा	211	ह्वृ	934
स्पृ	1259	स्वन	827	हुल	844	ह्वेञ्	1008
स्पृश	1422	स्वर	1863	हूड्ड	353		
स्पृह	1871	स्वर्द	19	ह	1097		
स्फायी	487	स्वाद	28	हञ्	899		
स्फिट्ट	1634	स्वृ	932	हृष	1229		
स्फुट	260	ह		हृषु	709		
स्फुट	1373	हट	312	हेठ	266		
स्फुट	1722	हठ	335	हेठ	1532		
स्फुटिर्	329	हद	977	हेड	778		
स्फुड	1391	हन	1012	हेड्ड	284		
स्फुडि	1537	हम्म	467	हेष्ट	621		
स्फुर	1389	हय	512	होड्ड	285		
स्फुर्छा	213	हर्य	514	होड्ड	354		
स्फुल	1390	हल	837	ह्नुङ्	1082		
स्मिट	1573	हसे	721	ह्मल	806		

Standard Alphabetical Index

Indexed on Dhatu ready for Conjugation.
Contains 1943-1=1942 Dhatus without Tag letters (ग० सू०1081.चर्करीतं)
Shows Dhatu Number which is unique and easily referenced in standard Dhatupathas.

Easily locate dhatus without tag e.g. बुन्द् 876 , इन्ध् 1448 , श्वि 1010

Dhatus with णो नः नत्वम् are under न e.g. नक्ष 662 , नख 134

Dhatus with षः सः सत्वम् are under स e.g. सगे 789 , सघ 1268

इदित् Dhatus are listed with the नुम् augment e.g.
अङ्क 87 , अञ्ज 1785 , अण्ठ 261

Dhatus that have a penultimate नकार are listed with the नकार changed to the corresponding row class nasal, e.g.
अञ्च् 188 , तुम्प् 1311

Out of 1943 Roots, there are some 662 Dhatus that are commonly found in literature. Two of these did not make it to the index, being alternate listed in the dhatu sutra. These are ध्राघ् 114 and धू 1255. However स्विद् 1188 is present.

अ		अद्	1011	अस्	1065	ई	
अंश्	1918	अन्	1070	अस्	1209	ई	1143
अंस्	1918	अन्त्	61	अह्	1272	ईक्ष्	610
अंह्	635	अन्द्	62	आ		ईङ्ख्	142
अंह्	1797	अन्ध्	1925	आक्रन्द्	1727	ईज्	182
अक्	792	अभ्र्	556	आञ्छ्	209	ईड्	1019
अक्ष्	654	अम्	465	आप्	1260	ईड्	1667
अग्	793	अम्	1720	आप्	1839	ईर्	1018
अङ्क्	87	अम्ब्	378	आशंस्	629	ईर्	1810
अङ्क्	1927	अय्	474	आशास्	1022	ईर्ष्य्	510
अङ्ग्	146	अर्क्	1643	आसद्	1831	ईर्ष्य्	511
अङ्ग्	1928	अर्च्	204	आस्	1021	ईश्	1020
अङ्घ्	109	अर्च्	1808	इ		ईष्	611
अज्	230	अर्ज्	224	इ	1045	ईष्	684
अञ्च्	188	अर्ज्	1725	इ	1046	ईह्	632
अञ्च्	862	अर्थ्	1905	इ	1047	उ	
अञ्च्	1738	अर्द्	55	इख्	140	उ	953
अञ्ज्	1458	अर्द्	1828	इङ्ख्	141	उक्ष्	657
अञ्ज्	1785	अर्ब्	415	इङ्ग्	153	उख्	128
अट्	295	अर्ब्	584	इट्	318	उङ्ख्	129
अट्ट्	254	अर्ह्	740	इन्द्	63	उच्	1223
अट्ट्	1561	अर्ह्	1731	इन्ध्	1448	उच्छ्	216
अड्	358	अर्ह्	1830	इन्व्	587	उच्छ्	1295
अड्ड्	348	अल्	515	इल्	1357	उज्झ्	1304
अण्	444	अव्	600	इल्	1660	उच्छ्	215
अण्	1175	अश्	1264	इष्	1127	उच्छ्	1294
अण्ठ्	261	अश्	1523	इष्	1351	उठ्	338
अत्	38	अस्	886	इष्	1525	उध्रस्	1742

उन्द्	1457	ऋृ		कट्	320	कल्ल्	498
उब्ज्	1303	ऋृ	1497	कट्	333	कष्	685
उभ्	1319	ऌ		कड्	360	कस्	860
उम्भ्	1320	no entry		कड्	1380	काङ्क्ष्	667
उर्द्	20	ए		कड्ड्	349	काञ्च्	170
उर्व्	569	एज्	179	कण्	449	काश्	647
उष्	696	एज्	234	कण्	794	काश्	1162
उह्	739	एठ्	267	कण्	1715	कास्	623
ऊ		एध्	2	कण्ठ्	264	कि	1101
ऊन्	1888	एष्	618	कण्ठ्	1847	किट्	301
ऊय्	483	ऐ		कण्ड्	282	किट्	319
ऊर्ज्	1549	no entry		कण्ड्	1582	कित्	993
ऊर्णु	1039	ओ		कत्थ्	37	किल्	1353
ऊष्	683	ओख्	121	कत्र्	1915	कीट्	1640
ऊह्	648	ओण्	454	कथ्	1851	कील्	524
ऋृ		ओलण्ड्	1542	कन्	460	कु	951
ऋ	936	औ		कन्द्	70	कु	1042
ऋ	1098	no entry		कन्द्	772	कु	1401
ऋच्	1302	क		कब्	380	कुंश्	1765
ऋच्छ्	1296	कंस्	1024	कम्	443	कुंस्	1763
ऋज्	176	कक्	90	कम्प्	375	कुक्	91
ऋञ्ज्	177	कख्	120	कर्ज्	228	कुच्	184
ऋण्	1467	कख्	784	कर्द्	59	कुच्	857
ऋध्	1245	कग्	791	कर्ब्	420	कुच्	1368
ऋध्	1271	कङ्क्	94	कर्व्	581	कुज्	199
ऋफ्	1315	कच्	168	कल्	497	कुञ्च्	185
ऋम्फ्	1316	कञ्च्	169	कल्	1604	कुट्	1366
ऋष्	1287	कट्	294	कल्	1865	कुट्ट्	1558

222

कुट्ट्	1702	कूण्	1688	क्मर्	555	क्षम्	1206
कुड्	1383	कूण्	1896	क्रथ्	801	क्षम्प्	1620
कुण्	1335	कूल्	525	क्रन्द्	71	क्षर्	851
कुण्	1893	कृ	1253	क्रन्द्	773	क्षल्	1597
कुण्ठ्	342	कृ	1472	क्रप्	771	क्षि	236
कुण्ड्	270	कृड्	1382	क्रम्	473	क्षि	1276
कुण्ड्	322	कृत्	1435	क्री	1473	क्षि	1407
कुण्ड्	1583	कृत्	1447	क्रीड्	350	क्षिण्	1466
कुत्स्	1697	कृन्व्	598	क्रुञ्च्	186	क्षिप्	1121
कुथ्	1118	कृप्	762	क्रुड्	1394	क्षिप्	1285
कुन्थ्	43	कृप्	1748	क्रुध्	1189	क्षिप् (क्षप्)	1941
कुन्थ्	1514	कृप्	1869	क्रुश्	856	क्षी	1506
कुन्द्	1539	कृश्	1227	क्लथ्	802	क्षीज्	237
कुप्	1233	कृष्	990	क्लन्द्	72	क्षीब्	382
कुप्	1779	कृष्	1286	क्लन्द्	774	क्षीव्	567
कुमार्	1877	कॄ	1409	क्लम्	1207	क्षु	1036
कुम्ब्	426	कॄ	1485	क्लिद्	1242	क्षुध्	1190
कुम्ब्	1655	कॄ	1496	क्लिन्द्	15	क्षुन्द्	1443
कुर्	1341	कॄत्	1653	क्लिन्द्	73	क्षुभ्	751
कुर्द्	21	कॄप्	1748	क्लिश्	1161	क्षुभ्	1239
कुल्	842	केत्	1895	क्लिश्	1522	क्षुभ्	1519
कुष्	1518	केप्	368	क्लीब्	381	क्षुर्	1344
कुस्	1218	केल्	537	क्लेश्	607	क्षेव्	568
कुस्म्	1711	कै	916	क्ष्वण्	450	क्षै	913
कुहू	1901	क्रथ्	800	क्ष्वथ्	846	क्षोट्	1875
कूज्	223	क्रस्	1113	क्षञ्ज्	769	क्ष्ण्	1037
कूट्	1701	कॄ	1480	क्षण्	1465	क्ष्माय्	486
कूट्	1890	कॄय्	485	क्षम्	442	क्ष्मील्	520

क्ष्विद्	1244	खेट्	1874	गल्ह्	637	गूर्	1694
क्ष्वेल्	539	खेल्	538	गवेष्	1883	गृ	937
ख		खै	912	गा	950	गृ	1707
खच्	1531	खोर्	552	गा	1106	गृज्	248
खज्	232	खोल्	551	गाध्	4	गृञ्ज्	249
खञ्ज्	233	ख्या	1060	गाह्	649	गृध्	1246
खट्	309	**ग**		गु	949	गृह्	650
खट्ट्	1632	गज्	246	गु	1399	गृह्	1899
खड्	1580	गज्	1647	गुज्	1369	गृ	1410
खण्ड्	283	गञ्ज्	247	गुञ्ज्	203	गृ	1498
खण्ड्	1581	गड्	777	गुड्	1370	गेप्	369
खद्	50	गण्	1853	गुण्	1894	गेव्	502
खन्	878	गण्ड्	65	गुण्ड्	1584	गेष्	614
खर्ज्	229	गण्ड्	361	गुद्	24	गै	917
खर्द्	60	गद्	52	गुध्	1120	गोम्	1876
खर्ब्	421	गद्	1860	गुध्	1517	गोष्ट्	257
खर्व्	582	गन्ध्	1684	गुप्	395	ग्रन्थ्	36
खल्	545	गम्	982	गुप्	970	ग्रन्थ्	1513
खष्	686	गर्ज्	226	गुप्	1234	ग्रन्थ्	1825
खाद्	49	गर्द्	57	गुप्	1771	ग्रन्थ्	1838
खिट्	302	गर्ब्	422	गुफ्	1317	ग्रस्	630
खिद्	1170	गर्व्	583	गुम्फ्	1318	ग्रस्	1749
खिद्	1436	गर्व्	1907	गुर्	1396	ग्रह्	1533
खिद्	1449	गर्ह्	636	गुद्	23	ग्राम्	1892
खुज्	200	गर्ह्	1845	गुर्द्	1665	गुच्	197
खुण्ड्	1585	गल्	546	गुर्व्	574	ग्लस्	631
खुर्	1342	गल्	1699	गुह्	896	ग्लह्	651
खुर्द्	22	गल्भ्	392	गूर्	1154	ग्लुच्	198

224

ग्लुञ्च्	201	घृ	938	चर्	559	चीभ्	384
ग्लेप्	366	घृ	1096	चर्	1745	चीव्	879
ग्लेप्	370	घृ	1650	चर्च्	717	चीव्	1774
ग्लेव्	503	घृण्	1469	चर्च्	1299	चुक्क्	1596
ग्लै	903	घृणण्	436	चर्च्	1712	चुट्	1377
घ		घृष्	708	चर्ब्	425	चुट्	1613
घघ्	159	ग्रा	926	चर्व्	579	चुट्ट्	1560
घट्	763	**ङ**		चल्	812	चुड्	1392
घट्	1723	डु	954	चल्	832	चुड्ड्	347
घट्	1766	**च**		चल्	1356	चुण्ट्	1659
घट्ट्	259	चकास्	1074	चल्	1608	चुण्ड्	325
घट्ट्	1630	चक्	93	चष्	889	चुद्	1592
घण्ट्	1767	चक्	783	चह्	729	चुप्	403
घस्	715	चक्क्	1595	चह्	1626	चुम्ब्	429
घिण्ण्	434	चक्ष्	1017	चह्	1866	चुम्ब्	1635
घु	952	चञ्च्	190	चाय्	880	चुर्	1534
घुंष्	652	चट्	1721	चि	1251	चुल्	1602
घुट्	746	चण्	796	चि	1629	चुल्ल्	531
घुट्	1385	चण्ड्	278	चि	1794	चूर्	1158
घुण्	437	चत्	865	चिट्	315	चूर्ण्	1552
घुण्	1338	चद्	866	चित्	39	चूर्ण्	1641
घुण्ण्	435	चन्द्	68	चित्	1673	चूष्	673
घुर्	1345	चप्	399	चित्र्	1917	चृत्	1324
घुष्	653	चप्	1626	चिन्त्	1535	चेल्	536
घुष्	1726	चम्	469	चिरि	1277	चेष्ट्	256
घूर्	1155	चम्	1274	चिल्	1355	च्यु	955
घूर्ण्	438	चम्प्	1619	चिल्ल्	533	च्यु	1746
घूर्ण्	1339	चय्	478	चीक्	1827	च्युत्	40

225

छ		जम्भ्	388	जृम्भ्	389	अ	
छञ्ज्	1621	जम्भ्	1716	जृ	1130	no entry	
छद्	813	जर्ज्	716	जृ	1494	ट	
छद्	1833	जर्ज्	1298	जृ	1814	टङ्क्	1638
छद्	1935	जल्	833	जेष्	616	टल्	834
छन्द्	1577	जल्	1543	जेह्	644	टिक्	103
छम्	470	जल्प्	398	जै	914	टीक्	104
छर्द्	1589	जष्	688	ञ		ट्वल्	835
छष्	890	जस्	1211	ञप्	1624	ठ	
छिद्	1440	जस्	1668	ज्ञा	811	no entry	
छिद्र्	1924	जस्	1718	ज्ञा	1507	ड	
छुट्	1378	जागृ	1072	ज्ञा	1732	डप्	1676
छुप्	1418	जि	561	ज्या	1499	डिप्	1232
छुर्	1372	जि	946	ज्यु	956	डिप्	1371
छृद्	1445	जि	1793	ज्रि	947	डिप्	1671
छृद्	1820	जिन्व्	594	ज्रि	1815	डिप्	1677
छेद्	1934	जिर्	1278	ज्वर्	776	डी	968
छ्यो	1146	जिष्	697	ज्वल्	804	डी	1135
ज		जीव्	562	ज्वल्	831	ढ	
जंस्	1666	जुङ्ग्	157	झ		ढौक्	98
जक्ष्	1071	जुङ्	1326	झट्	306	ण	
जज्	242	जुङ्	1379	झम्	472	no entry	
जञ्ज्	243	जुङ्	1646	झर्झ्	718	त	
जट्	305	जुत्	32	झर्झ्	1300	तंस्	1729
जन्	1105	जुष्	1288	झष्	689	तक्	117
जन्	1149	जुष्	1834	झष्	891	तक्ष्	655
जप्	397	जूर्	1156	झृ	1131	तक्ष्	665
जम्	471	जूष्	681			तङ्क्	118

226

227

दंश्	1674	दिव्	1724	दॄ	1493	धि	1406
दंश्	1764	दिश्	1283	दे	962	धिक्ष्	603
दंस्	1675	दिह्	1015	देव्	500	धिन्व्	593
दंस्	1786	दी	1134	दै	924	धिष्	1103
दक्ष्	608	दीक्ष्	609	दो	1148	धी	1136
दक्ष्	770	दीधी	1076	द्यु	1040	धु	1255
दघ्	1273	दीप्	1150	द्युत्	741	धुक्ष्	602
दण्ड्	1926	दु	944	द्यै	905	धुर्व्	573
दद्	17	दु	1256	द्रम्	466	धू	1398
दध्	8	दुःख्	1930	द्रा	1054	धू	1487
दम्	1203	दुर्व्	572	द्राख्	124	धू	1835
दम्भ्	1270	दुल्	1600	द्राघ्	114	धूप्	396
दय्	481	दुष्	1185	द्राङ्क्ष्	670	धूप्	1772
दरिद्रा	1073	दुह्	738	द्राड्	287	धूर्	1153
दल्	548	दुह्	1014	द्राह्	646	धूस्	1639
दल्	1751	दू	1133	द्रु	945	धृ	900
दस्	1213	दृ	1280	द्रुण्	1337	धृ	960
दह्	991	दृ	1411	द्रुह्	1197	धृ	1412
दा	930	दृंह्	734	द्रू	1481	धृज्	219
दा	1059	दृप्	1196	द्रेक्	78	धृञ्ज्	220
दा	1091	दृप्	1313	द्रै	906	धृष्	1269
दान्	994	दृभ्	1323	द्विष्	1013	धृष्	1850
दाश्	882	दृभ्	1821	ध		धे	902
दाश्	1279	दृभ्	1822	धक्क्	1594	धेक्	1914
दास्	894	दृम्फ्	1314	धन्	1104	धोर्	553
दिन्व्	592	दृश्	988	धन्व्	597	ध्मा	927
दिव्	1107	दृह्	733	धा	1092	ध्यै	908
दिव्	1706	दॄ	808	धाव्	601	ध्रज्	217

ध्रञ्ज्	218	नद्	54	नी	901	पद्	1169
ध्रण्	459	नद्	1778	नील्	522	पद्	1898
ध्रस्	1524	नन्द्	67	नीव्	566	पन्	440
ध्राख्	125	नभ्	752	नु	1035	पन्थ्	1575
ध्राङ्क्ष्	671	नभ्	1240	नुद्	1282	पय्	476
ध्राङ्	288	नभ्	1520	नुद्	1426	पर्ण्	1939
ध्रु	943	नम्	981	नू	1397	पर्द्	29
ध्रु	1400	नय्	480	नृत्	1116	पर्प्	412
ध्रेक्	79	नर्द्	56	नृ	809	पर्ब्	416
ध्रै	907	नल्	838	नृ	1495	पर्व्	577
ध्वंस्	755	नल्	1802	नेद्	872	पल्	839
ध्वज्	221	नश्	1194	नेष्	617	पल्पूल्	1881
ध्वञ्ज्	222	नस्	627	**प**		पश्	1719
ध्वण्	453	नह्	1166	पंस्	1616	पष्	1862
ध्वन्	816	नाथ्	6	पक्ष्	1550	पा	925
ध्वन्	828	नाध्	7	पच्	996	पा	1056
ध्वन्	1889	नास्	625	पञ्च्	174	पार्	1911
ध्वाङ्क्ष्	672	निंस्	1025	पञ्च्	1651	पाल्	1609
ध्वृ	939	निंक्ष्	659	पट्	296	पि	1405
न		निज्	1093	पट्	1752	पिंस्	1762
नक्क्	1593	निञ्ज्	1026	पट्	1856	पिच्छ्	1576
नक्ष्	662	निद्	871	पठ्	330	पिञ्ज्	1028
नख्	134	निन्द्	66	पण्	439	पिञ्ज्	1567
नङ्ख्	135	निन्व्	590	पण्ड्	281	पिञ्ज्	1757
नट्	310	निल्	1360	पण्ड्	1615	पिट्	311
नट्	781	निवास्	1885	पत्	845	पिठ्	339
नट्	1545	निश्	722	पत्	1861	पिण्ड्	274
नट्	1791	निष्क्	1686	पथ्	847	पिण्ड्	1669

पिन्व्	588	पुष्प्	1122	पैण्	458	फल्	516
पिश्	1437	पुस्त्	1590	प्याय्	488	फल्	530
पिष्	1452	पू	966	प्यै	964	फुल्ल्	532
पिस्	719	पू	1482	प्रच्छ्	1413	फेल्	542
पिस्	1568	पूज्	1642	प्रथ्	765	**ब**	
पी	1141	पूय्	484	प्रथ्	1553	बंह्	633
पीड्	1544	पूर्	1151	प्रस्	766	बद्	51
पील्	521	पूर्	1803	प्रा	1061	बध्	973
पीव्	563	पूल्	528	प्री	1144	बध्	1547
पुंस्	1637	पूल्	1636	प्री	1474	बन्ध्	1508
पुट्	1367	पूष्	675	प्री	1836	बर्ब्	418
पुट्	1753	पृ	1258	प्रु	957	बर्ह्	638
पुट्	1913	पृ	1402	ब्रुड्	324	बर्ह्	1664
पुट्ट्	1559	पृच्	1030	ब्रुष्	703	बर्ह्	1769
पुड्	1384	पृच्	1462	ब्रुष्	1527	बल्	840
पुण्	1333	पृच्	1807	प्रेष्	619	बल्	1628
पुण्ट्	1792	पृड्	1328	प्रोथ्	867	बल्ह्	639
पुथ्	1119	पृण्	1329	प्लिह्	642	बल्ह्	1770
पुथ्	1775	पृथ्	1554	प्ली	1503	बष्क्	1916
पुन्थ्	44	पृष्	705	प्लु	958	बस्त्	1683
पुर्	1346	पृ	1086	प्लुष्	704	बाड्	286
पुर्व्	576	पृ	1489	प्लुष्	1115	बाध्	5
पुल्	841	पृ	1548	प्लुष्	1216	बिट्	317
पुल्	1601	पेल्	541	प्लुष्	1528	बिन्द्	64
पुष्	700	पेव्	504	प्सा	1055	बिल्	1359
पुष्	1182	पेष्	615	**फ**		बिल्	1606
पुष्	1529	पेस्	720	फक्क्	116	बिस्	1217
पुष्	1750	पै	920	फण्	821	बुक्क्	119

बुक्क्	1713	भल्	1700	भ्यस्	628	मञ्च्	173
बुङ्ग्	158	भल्ल्	496	भ्रंश्	1225	मठ्	332
बुध्	858	भष्	695	भ्रंस्	756	मण्	448
बुध्	875	भस्	1100	भ्रक्ष्	892	मण्ठ्	263
बुध्	1172	भा	1051	भ्रण्	452	मण्ड्	272
बुन्द्	876	भाज्	1886	भ्रम्	850	मण्ड्	321
बुस्	1219	भाम्	441	भ्रम्	1205	मण्ड्	1587
बुस्त्	1591	भाम्	1872	भ्रस्ज्	1284	मथ्	848
बृंह्	736	भाष्	612	भ्राज्	181	मद्	815
बृंह्	1768	भास्	624	भ्राज्	823	मद्	1208
बृह्	735	भिक्ष्	606	भ्राश्	824	मद्	1705
ब्रू	1044	भिद्	1439	भ्री	1505	मन्	1176
ब्रूस्	1663	भी	1084	भ्रूण्	1690	मन्	1471
भ		भुज्	1417	भ्रेज्	180	मन्त्र्	1679
भक्ष्	1557	भुज्	1454	भ्रेष्	884	मन्थ्	42
भज्	998	भू	1	भ्लक्ष्	893	मन्थ्	46
भज्	1733	भू	1747	भ्लाश्	825	मन्थ्	1511
भञ्ज्	1453	भू	1844	भ्लेष्	885	मन्द्	13
भञ्ज्	1759	भूष्	682	**म**		मभ्र्	558
भट्	307	भूष्	1730	मंह्	634	मय्	477
भट्	780	भृ	898	मंह्	1799	मर्च्	1649
भण्	447	भृ	1087	मख्	132	मर्ब्	419
भण्ड्	273	भृंश्	1787	मङ्क्	89	मर्व्	578
भण्ड्	1588	भृज्	178	मङ्ख्	133	मल्	493
भन्द्	12	भृड्	1395	मङ्ग्	148	मल्ल्	494
भर्त्स्	1682	भृश्	1224	मङ्घ्	111	मव्	599
भर्व्	580	भृ	1491	मङ्घ्	160	मव्य्	508
भल्	495	भेष्	883	मच्	171	मश्	724

मष्	692	मिष्	699	मुस्त्	1631	म्रक्ष्	1661
मस्	1221	मिष्	1352	मुह्	1198	म्रद्	767
मस्क्	102	मिह्	992	मू	967	म्रुच्	195
मस्ज्	1415	मी	1137	मूत्र्	1909	मुञ्च्	193
मह्	730	मी	1476	मूल्	529	म्रेड्	293
मह्	1867	मी	1824	मूल्	1603	म्लुच्	196
मा	1062	मीम्	468	मूष्	676	म्लुञ्च्	194
मा	1088	मील्	517	मृ	1403	म्लेच्छ्	205
मा	1142	मीव्	564	मृक्ष्	664	म्लेच्छ्	1662
माङ्क्ष्	669	मुच्	1430	मृग्	1900	म्लेट्	292
मान्	972	मुच्	1743	मृज्	1066	म्लेव्	506
मान्	1709	मुज्	250	मृज्	1848	म्लै	904
मान्	1843	मुञ्च्	172	मृड्	1327	**य**	
मार्ग्	1846	मुञ्ज्	251	मृड्	1516	यक्ष्	1692
मार्ज्	1648	मुट्	1374	मृण्	1331	यज्	1002
माह्	895	मुट्	1614	मृद्	1515	यत्	30
मि	1250	मुड्	323	मृध्	874	यत्	1735
मिच्छ्	1297	मुण्	1334	मृश्	1425	यन्त्र्	1536
मिञ्ज्	1756	मुण्ठ्	265	मृष्	707	यभ्	980
मिद्	743	मुण्ड्	275	मृष्	1164	यम्	819
मिद्	868	मुण्ड्	326	मृष्	1849	यम्	984
मिद्	1243	मुद्	16	मृ	1492	यम्	1625
मिन्द्	1541	मुद्	1740	मे	961	यस्	1210
मिन्व्	589	मुर्	1343	मेद्	869	या	1049
मिल्	1364	मुच्छ्र्	212	मेध्	870	याच्	863
मिल्	1429	मुर्व्	575	मेप्	371	यु	1033
मिश्	723	मुष्	1530	मेव्	505	यु	1479
मिश्र्	1921	मुस्	1220	म्ना	929	यु	1710

युङ्ग्	156	रद्	53	रिफ्	1306	रूप्	1933
युच्छ्	214	रध्	1193	रिश्	1420	रूष्	678
युज्	1177	रन्व्	596	रिष्	694	रेक्	80
युज्	1444	रप्	401	रिष्	1231	रेट्	864
युज्	1806	रफ्	413	री	1138	रेप्	372
युत्	31	रभ्	974	री	1500	रेभ्	385
युध्	1173	रम्	853	रु	959	रेव्	507
युप्	1235	रम्फ्	414	रु	1034	रेष्	620
यूप्	680	रम्ब्	376	रंश्	1788	रै	909
यौट्	291	रय्	482	रंस्	1790	रोड्	356
र		रस्	713	रुच्	745	रौड्	355
रंह्	732	रस्	1931	रुज्	1416	ल	
रंह्	1798	रह्	731	रुज्	1804	लक्ष्	1538
रक्	1736	रह्	1627	रुट्	747	लक्ष्	1696
रक्ष्	658	रह्	1858	रुट्	1783	लख्	138
रख्	136	रा	1057	रुठ्	336	लग्	786
रग्	785	राख्	122	रुण्ट्	327	लग्	1737
रङ्ख्	137	राघ्	112	रुण्ठ्	345	लङ्ख्	139
रङ्ग्	144	राज्	822	रुद्	1067	लङ्ग्	145
रङ्घ्	107	राध्	1180	रुध्	1174	लङ्घ्	1760
रङ्घ्	1795	राध्	1262	रुध्	1438	लङ्घ्	1796
रच्	1864	रास्	626	रुप्	1236	लच्छ्	206
रञ्ज्	999	रि	1275	रुश्	1419	लज्	238
रञ्ज्	1167	रि	1404	रुष्	693	लज्	1290
रट्	297	रिङ्ग्	154	रुष्	1230	लज्	1920
रट्	334	रिच्	1441	रुष्	1670	लञ्ज्	239
रण्	445	रिच्	1816	रुह्	859	लञ्ज्	1784
रण्	795	रिन्व्	595	रूक्ष्	1910	लट्	298

लङ्	359	लिह्	1016	लोक्	76	वद्	1009
लङ्	814	ली	1139	लोक्	1776	वद्	1841
लङ्	1540	ली	1501	लोच्	164	वन्	462
लण्ड्	1800	ली	1811	लोच्	1777	वन्	463
लन्घ्	108	लुञ्च्	187	लोड्	357	वन्	803
लप्	402	लुञ्ज्	1758	लोष्ट्	258	वन्	1470
लभ्	975	लुट्	314	**व**		वन्द्	11
लम्ब्	377	लुट्	748	वक्ष्	663	वप्	1003
लम्ब्	379	लुट्	1222	वख्	130	वभ्र्	557
लर्ब्	417	लुट्	1381	वङ्क्	88	वम्	849
लल्	1687	लुट्	1754	वङ्क्	95	वय्	475
लष्	888	लुठ्	337	वङ्ख्	131	वर्	1852
लस्	714	लुठ्	749	वङ्ग्	147	वर्च्	162
लस्	1728	लुण्ट्	328	वङ्घ्	110	वर्ण्	1551
लस्ज्	1291	लुण्ठ्	343	वच्	1063	वर्ण्	1938
ला	1058	लुण्ठ्	346	वच्	1842	वर्ध्	1654
लाख्	123	लुण्ठ्	1563	वज्	252	वर्ष्	613
लाघ्	113	लुन्थ्	45	वञ्च्	189	वर्ह्	640
लाज्	240	लुप्	1237	वञ्च्	1703	वल्	491
लाञ्छ्	207	लुप्	1431	वट्	300	वल्क्	1571
लाञ्ज्	241	लुभ्	1238	वट्	779	वल्ग्	143
लाभ्	1936	लुभ्	1305	वट्	1857	वल्भ्	391
लिख्	1365	लुम्ब्	427	वट्	1919	वल्ल्	492
लिङ्ग्	155	लुम्ब्	1656	वठ्	331	वल्ह्	641
लिङ्ग्	1739	लू	1483	वण्	446	वश्	1080
लिप्	1433	लूष्	677	वण्ट्	1586	वष्	691
लिश्	1179	लूष्	1610	वण्ठ्	262	वस्	1005
लिश्	1421	लेप्	373	वण्ड्	271	वस्	1023

वस्	1214	विश्	1424	वे	1006	ब्ली	1502
वस्	1744	विष्	698	वेण्	877	**श**	
वस्	1942	विष्	1095	वेथ्	34	शंस्	728
वस्क्	101	विष्	1526	वेप्	367	शक्	1187
वह्	1004	विष्क्	1685	वेल्	535	शक्	1261
वा	1050	विष्क्	1940	वेल्	1880	शङ्क्	86
वाङ्क्ष्	668	वी	1048	वेल्ल्	540	शच्	165
वाञ्छ्	208	वीर्	1903	वेवी	1077	शट्	299
वात्	1882	वृ	1254	वेष्ट्	255	शठ्	340
वाश्	1163	वृ	1509	वेह्	643	शठ्	1564
वास्	1884	वृ	1813	वै	921	शठ्	1691
वाह्	645	वृक्	92	व्यच्	1293	शठ्	1854
विच्	1442	वृक्ष्	604	व्यथ्	764	शण्	797
विच्छ्	1423	वृज्	1029	व्यध्	1181	शण्ड्	279
विच्छ्	1773	वृज्	1461	व्यय्	881	शद्	855
विज्	1094	वृज्	1812	व्यय्	1932	शद्	1428
विज्	1289	वृण्	1330	व्युष्	1114	शप्	1000
विज्	1460	वृत्	758	व्युष्	1215	शप्	1168
विट्	316	वृत्	1160	व्ये	1007	शब्द्	1714
विथ्	33	वृत्	1781	व्रज्	253	शम्	818
विद्	1064	वृध्	759	व्रज्	1617	शम्	1201
विद्	1171	वृध्	1782	व्रण्	451	शम्	1695
विद्	1432	वृश्	1226	व्रण्	1937	शम्ब्	1556
विद्	1450	वृष्	706	व्रश्च्	1292	शर्ब्	423
विद्	1708	वृष्	1704	व्री	1140	शर्व्	585
विध्	1325	वृह्	1347	व्री	1504	शल्	490
विल्	1358	वृ	1486	व्रीड्	1126	शल्	843
विल्	1605	वृ	1490	व्रुड्	1393	शल्भ्	390

स

संस्त् 1079
सग् 789
सघ् 1268
सङ्केत् 1891
सङ्ग्राम् 1922
सच् 163
सच् 997
सञ्ज् 987
सट् 313
सट्ट् 1633
सण् 464
सत्र् 1906
सद् 854
सद् 1427
सन् 1464
सप् 400
सभाज् 1887
सम् 829
सम्ब् 1555
सर्ज् 225
सर्ब् 424
सर्व् 586
सल् 547
सस् 1078
सस्ज् 202
सह् 852
सह् 1128
सह् 1809
साध् 1263
सान्त्व् 1569
साम् 1879
सार् 1868
सि 1248
सि 1477
सिच् 1434
सिट् 304
सिध् 47
सिध् 48
सिध् 1192
सिल् 1363
सिव् 1108
सु 941
सु 1041
सु 1247
सुख् 1929
सुट्ट् 1562
सुर् 1340
सुह् 1129
सू 1031
सू 1132
सू 1408
सूच् 1873
सूत्र् 1908
सूद् 25
सूद् 1717
सूर्क्ष् 666
सूर्क्ष्य् 509
सृ 935
सृ 1099
सृज् 1178
सृज् 1414
सृप् 983
सृभ् 430
सृम्भ् 431
सेक् 81
सेव् 501
सै 915
सो 1147
स्कन्द् 979
स्कम्भ् 387
स्कु 1478
स्कुन्द् 9
स्खद् 768
स्खद् 820
स्खल् 544
स्तक् 782
स्तग् 790
स्तन् 461
स्तन् 1859
स्तम् 830
स्तम्भ् 386
स्तिघ् 1265
स्तिप् 364
स्तिम् 1124
स्तीम् 1125
स्तु 1043
स्तुच् 175
स्तुप् 1672
स्तुभ् 394
स्तृ 1252
स्तृह् 1349
स्तॄ 1484
स्तेन् 1897
स्तेप् 365
स्तै 922
स्तोम् 1923
स्त्यै 910
स्त्यै 911
स्त्रक्ष् 661
स्थल् 836
स्था 928
स्थुड् 1388
स्थूल् 1904
स्नस् 1112
स्ना 1052
स्निह् 1200
स्निह् 1572
स्नु 1038
स्नुस् 1111
स्नुह् 1199
स्नै 923

स्पन्द्	14	स्रङ्क्	83	हा	1089	ह्नु	1082
स्पर्ध्	3	स्रम्भ्	757	हा	1090	ह्मल्	806
स्पश्	887	स्रिव्	1109	हि	1257	ह्रग्	787
स्पश्	1680	सु	940	हिंस्	1456	ह्रस्	711
स्पृ	1259	स्रेक्	82	हिंस्	1829	ह्राद्	26
स्पृश्	1422	स्वञ्ज्	976	हिक्क्	861	ह्री	1085
स्पृह्	1871	स्वद्	18	हिठ्	1532	ह्रीछ्	210
स्फाय्	487	स्वद्	1805	हिण्ड्	268	हेष्	622
स्फिट्ट्	1634	स्वन्	817	हिन्व्	591	ह्लग्	788
स्फुट्	260	स्वन्	827	हिल्	1361	ह्लप्	1658
स्फुट्	329	स्वप्	1068	हु	1083	ह्लस्	712
स्फुट्	1373	स्वर्	1863	हुड्	352	ह्लाद्	27
स्फुट्	1722	स्वर्द्	19	हुण्ड्	269	ह्वल्	805
स्फुड्	1391	स्वाद्	28	हुण्ड्	277	ह्वृ	931
स्फुण्ड्	1537	स्विद्	744	हुर्छ्	211	ह्वृ	934
स्फुर्	1389	स्विद्	978	हुल्	844	ह्वे	1008
स्फुर्छ्	213	स्विद्	1188	हूड्	353		
स्फुल्	1390	स्वृ	932	हृ	899		
स्फूर्ज्	235	ह		हृ	1097		
स्मि	948	हट्	312	हृष्	709		
स्मिट्	1573	हठ्	335	हृष्	1229		
स्मील्	519	हद्	977	हेठ्	266		
स्मृ	807	हन्	1012	हेठ्	1532		
स्मृ	933	हम्म्	467	हेड्	284		
स्यन्द्	761	हय्	512	हेड्	778		
स्यम्	826	हर्य्	514	हेष्	621		
स्यम्	1693	हल्	837	होड्	285		
स्रंस्	754	हस्	721	होड्	354		

References

Author	Title	Year	Ed	Publisher
Sankar Ram Sastri	अष्टाध्याययीसूत्रपाठः	1937	2nd	Sri Balamanorama, Madras
Kanakalal Sharma	श्रीमत्पाणिनिमुनिप्रणीतः धातुपाठः	1969	2nd	Chowkhamba Sanskrit Series, Varanasi
Govind Acharya	वैयाकरणसिद्धान्तकौमुदी (मूलमात्रम्)	2015	1st	Chaukhamba Surbharati Prakashan, Varanasi
Pushpa Dikshit	पाणिनीयधातुपाठः सार्थः	2011	1st	Samskrita Bharati, New Delhi
Pushpa Dikshit	अष्टाध्यायी सहजबोध	2011	3rd	Pratibha Prakashan, Delhi
Avanindra Kumar	पाणिनीय धात्वनुक्रम-कोश	2009	1st	Parimal Publications, Delhi
V S Apte	संस्कृत हिन्दी कोश (1890 Ed)	1997	1st	Oriental Book Center, Delhi
Medha Michika	धातुकोशः Pdf Version	2013	2nd	Arsha Avinash Foundation, Coimbatore
Vijaypal Vidyavaridhi	माधवीया धातुवृत्तिः	2009	2nd	Ram Lal Kapoor Trust, Sonipat
Yudhisthir Mimansak	संस्कृत- धातु -कोषः	2009	1st	
T R Krishnacharya	बृहद्-धातु-रूपावलिः	2005	1st	Shringeri Math, Karnataka
Janardana Hegde	धातु-रूप-नन्दिनी	2013	1st	Samskrita Bharati, New Delhi
Ashwini Kumar Aggarwal	Dhatupatha of Panini: Accented Roots with English Meanings and Verbs iii/1 forms in Present Tense	2017	2nd	Devotees of Sri Sri Ravi Shankar Ashram, Punjab

Online Links

http://www.ashtadhyayi.com/
http://avg-sanskrit.org/

ॐ

Epilogue

Ashtadhyayi = 8 sections + 10 sections of the Dhatupatha = we get
the number 18. Traditionally, this number 18 spells Victory. Just as
the Mahabharata has 18 chapters, or the Bhagavad Gita has 18
chapters, the number 18 stands for Jaya जय, a mastery over one's
mind.

सर्वे भवन्तु सुखिनः । सर्वे सन्तु निरामयाः ।
सर्वे भद्राणि पश्यन्तु । मा कश्चिद् दुःख भाग् भवेत् ॥
ॐ शान्तिः शान्तिः शान्तिः ॥

When faith has blossomed in life, Every step is led by the Divine
Sri Sri Ravi Shankar

Om Namah Shivaya

जय गुरुदेव

Printed in Poland
by Amazon Fulfillment
Poland Sp. z o.o., Wrocław

65347958R00148